U0948259

土家族婚俗文化漫谈

TUJIAZU HUNSU WENHUA MANTAN

◎ 谭德富 编著

民族出版社

目　录

序

一个民族的文化，是一个民族的灵魂，是一个民族发展的重要基础。土家族婚俗文化，是土家族最具代表性的非物质文化遗产，承载着土家族人悠久的文化理念，寄托着土家族人对婚俗礼仪的崇敬。

土家族婚俗文化，是中华传统民族文化的重要内容之一。它的婚姻伦理教化内容，庄重典雅的仪程仪式，体现了土家族人的人生观、价值观，体现了土家族人的婚姻契约精神和他们对美好婚姻生活的追求与向往。近些年来，湖北恩施土家族苗族自治州建始县委、县政府重视支持土家族婚俗文化的保护传承和弘扬，定期在全国范围内征集新人来建始县举办土家族民俗集体婚礼，让土家族婚俗文化在更广的平台得到传承和播扬。同时，把土家族婚俗文化纳入乡村振兴、美丽乡村传统文化活化建设内容，得以让优秀的传统活化在民间，扎根在民间。

为了使人们对建始县土家族婚俗文化有一个比较完整的印象和了解，我们组织建始县民族工作者编著出版《土家族婚俗文化漫谈》，对土家族在历史上改土归流前后的婚姻形式和土家族婚俗中长期流传下来的仪典仪式、流程、颂辞、演唱歌曲等做一些介绍。如婚礼仪式中的陪十姊妹、唱哭嫁歌等，把对父母养育的深深感恩、对兄弟姊妹的依依不舍和对新娘的谆谆劝告，用如泣如诉之曲调深情唱出，令歌者、听者无不动容，同时也教育新婚夫妇尊祖尚德、孝敬父母、勤俭持家、家庭和谐、邻里和睦；有的仪式营造了热烈隆重而喜庆的氛围，如闹压轿粑、喝拦门酒等仪式，给婚礼现场增添了无限的乐趣；有的仪式则能凝聚民族感情，增加亲族之间的凝聚力和向心力，如认亲、穿鞋子、敬茶等，表达了新婚夫妇对双方父母及亲族的尊重；还有的仪式则寄予了土家族人对美好婚姻生活的向往和追求，如站金斗、甩金筷等仪式，表达了新娘希望娘家、婆家都生活富裕的愿景……透过这些仪典，我们可以看到土家族人对婚姻生活的强烈责任感，对维护婚姻道德的契约精神和对美好生活不懈追求的浪漫情怀。正因为如此，源远流长的土家族婚俗文化在滚滚历史长河中能历久弥新、不断传承发展。我们相信，《土家族婚俗文化漫谈》的出版，能让人们进一步了解土家族婚俗文化的仪程仪式和它所体现的特有文化内涵，能让这些具有教化作用、娱乐作用、凝聚作用的婚俗文化、仪典仪式，得到更好的保留和传承，以不断增强大家民族文化认同感和民族自豪感，进一步增强我们的文化自信。

张渊平

2021年8月

（张渊平系建始县委书记）

前　言

土家族婚俗文化，是土家族最具代表性的非物质文化遗产之一。土家族在漫长的社会发展中，创造传承了自己独特的婚俗文化和仪典。这些文化和仪典，有的具有独特的教育教化作用。在特殊的场合和庄重的仪典上，教育结婚者要尊祖尚德、孝敬父母、勤俭持家、遵纪守法、家庭和谐、邻里和睦。特别是婚礼仪式中的陪十姊妹、唱哭嫁歌，那种对父母养育的深深感恩、对兄弟姊妹的依依不舍和对新娘的谆谆劝告，用如泣如诉之曲调深情唱出，令歌者、新娘及所有参加婚礼的人，无不为之动容泪下，让结婚者在走向婚姻生活时，受到潜移默化的教育和感染。有的仪式，营造了热烈隆重而喜庆的氛围，如闹压轿粑、喝拦门酒仪式，娘家婆家的都管、礼生以天文地理、风土人情、礼仪礼节、诗词歌赋、历史典故等互相盘诘，给婚礼现场增添了无限的情趣。有的可以凝聚民族感情，增加亲族之间的凝聚力和向心力，以维护家庭和社会的稳定，如认亲、穿鞋子、敬茶仪式，表达出结婚者对双方父母及亲族的尊重之情。有的寄予了对美好婚姻生活的向往和追求，如站金斗、甩金筷，表示新娘希望娘家、婆家都有富裕生活的愿景，跨马鞍、跨火盆寓意马上平安、生活红红火火的美好前程。透过这些仪典，我们可以看到土家族人正能量的人生观、价值观、审美观，一种对婚姻生活的强烈责任感，一种诚实守信、维护婚姻道德的契约精神，以及从这些喜庆的仪式中所体现的土家人的浪漫情怀。正因为如此，土家族婚俗文化和仪典，在土家族地区源远流长，备受重视，而被长期保留传承并随社会发展、时代进步而不断创新。

本书主要对土家族改土归流前后的婚姻形式和土家族婚俗中长期流传下来的仪典仪式、流程、颂辞、演唱歌曲做一些介绍。如提亲、看地方、看人家、认亲、报期、喝拦门酒、敬祖、过礼、闹压轿粑、安席、陪十姊妹、陪十弟兄、贺喜匾、发亲、拦车马、铺床、圆亲、回门、吃敬茶、穿鞋子、谢媒人、生小孩整祝米酒等，让人们透过这些流程仪式，了解土家族婚俗文化所表达的特有的文化内涵，以期让这些具有教化作用、娱乐作用、凝聚作用的婚俗文化、仪典仪式，得到保留、传承和播扬。

在本书撰写过程中，湖北省民间文艺家协会主席鄢维新、中南民族大学博士生导师向柏松给予了指导，恩施土家族苗族自治州民族民间文化保护与发展促进会副主席陈力、湖北卫视纪录片室独立制片人陈伟明、建始县摄影爱好者吴冰给予了大力支持，在此，表示诚挚的谢意！

谭德富

2021年7月

土家族远古的婚姻故事

在湖北省恩施土家族苗族自治州（以下简称“恩施州”）建始县，人们总是把出生、结婚和死亡作为人生的三件大事来操办，基于此形成了较为独特的文化仪典。出生时打喜花鼓、送祝米、做家家（嘎嘎）；结婚时敬祖、喝拦门酒、闹压轿粑、坐十姊妹、唱哭嫁歌；死亡时跳闹灵舞，唱丧鼓歌，打坐丧鼓。庆祝和纪念的形式及内容丰富多彩、生动活泼，彰显了极具地方特色的文化内涵。

建始县，古属巴蜀之地，在婚俗上，从远古至现代，经历了群婚、班辈婚、对偶婚、一夫一妻、近亲婚再到体现现代文明的非血亲婚俗的过程。其中，近亲婚如姑表婚、舅表婚、姨表婚，持续

娶亲路上

了相当长的时间。有俗话说“舅家要，隔河叫”，也称之为“还骨种”。舅舅家不娶，才能答应其他人家。

从群婚、对偶婚到非血亲婚的一夫一妻制婚俗的发展，尤其是婚俗文化的形成，经历了一个从简单到复杂的多样化的过程。

古巴蜀之地，曾有一夫多妻的历史。

唐代樊绰《蛮书》记载：

> 按《华阳国志》，秦昭王时，白虎为害，多伤人，乃购之曰：有杀得白虎者，封邑千家，继以金帛。于是朐忍夷、廖仲药等，以竹弩射之，中而死。秦遂刻石，为夷人立盟曰：夷人顷田不租，十妻不算，伤人不论……按《秦纪》，始皇十八年，巴郡出大人，长二十五丈，一夫两妻，号曰左右也。

从群婚、对偶婚到一夫一妻的发展进程中，婚俗又是怎样由简单到复杂，随着时代社会发展固化并传承至今，赋予婚姻仪典形式丰富文化内涵的呢？

我们先从本土婚姻形式的一个传说故事说起，来了解土家族婚俗从群婚到对偶婚的发展，以及土家族人对婚姻道德认识的心路历程。

> 传说很久很久以前，洪水泡了天地，好多好多人都淹死了，只有一个葫芦里躲着的兄妹俩还活得好好的。观音菩萨对他们说：“天底下只剩你们两个人哒，世间也不能没有人烟啊，你们两个就结成夫妻，生儿育女吧！”兄妹俩听了观音菩萨的话，羞红了脸，硬是不情愿。观音菩萨说：“你们愿不愿，还要看天意：如果天意要你们成亲，你们就要成亲；天意不合，就不成亲！”兄妹没法，只好答应。
>
> 观音菩萨说：“这里有一副石磨，你们一人搬一块，从两座

山上滚下去。如果两块石磨从山上滚下去合到一起，你们就要成亲；合不到一起，就是天意不合，就不成亲。”兄妹俩想，两块石磨从两边山上滚下去，一定不会合在一起的，就答应了。于是，兄妹俩分别从两座山上滚下石磨，凑巧了，两块飞滚的石磨在山脚下“轰”的一声，合到一起了。观音菩萨说：“天意相合。”兄妹俩还是不肯。

观音菩萨又设一法，拿出两根绸带子，对兄妹俩说：“你们俩每人拿一根绸带子往天上甩，要是两根带子连在一起搭成桥，就是天意相合，就要成亲！”兄妹俩拿起绸带子，往天上一甩，两根绸带子就往上飘，连在一起搭成了桥。观音菩萨对他们说：“这是天意，你们要成亲。”兄妹俩还是不肯。

观音菩萨又设个法，对兄妹俩说：“这里有一棵大树，你们俩一前一后围着树跑，要是跑得面对面，就是天意相合哒。”兄妹俩一前一后围着树跑，跑了半天没会面，心里想，这下我们可以不成亲哒。没想到观音菩萨对哥哥说：“你跑错了方向，快往回跑。”哥哥跑得急，一下没反应过来，便呼地回头跑，兄妹俩面对面啦。观音菩萨说：“这是天意，你们要成亲。”兄妹俩也不好再犟哒，就成了亲。成婚不久，妹妹有了身孕，十月过后，生下一个血坨坨。观音菩萨叫他们把血坨坨用刀剁成十八块，又用稀泥巴包起来，放到十八棵树丫上。兄妹俩照着做了。七七四十九天后，那些泥巴坨坨在树丫里长成了活人。这些人都是靠着树长大的，背上还靠出一条槽来，他们都是用泥巴包起来长大的，就叫他们土家人。

兄妹俩用树名给娃娃们起了姓氏，靠在樟树上生长的就姓章，在李树上生长的就姓李，靠在檀树上长大的就姓谭……十八棵树，十八个人，就有了土家十八大姓。

十八个娃娃长大成人后，兄妹俩就跟着观音菩萨上天去了，成了神仙，哥哥变成了月亮，妹妹变成了太阳，轮流照看他们的土家儿女。妹妹脸皮薄，怕人笑她和哥哥成了亲，就跟观音菩萨说了自己的心事。观音菩萨赐给妹妹一包绣花针，说："要是有人看你，你就用绣花针戳他的眼睛。"现在，只要有人看太阳，妹妹就拿针戳，让人们不敢睁眼看她。①

这个传说故事在建始县广为流传，在田野调查时讲述这个故事的是建始县官店镇车营村的农民史幺姐，故事对我们了解研究本地婚俗的变迁发展很有意义。

兄妹为什么要结婚？只因洪水泡了天地，地上荒无人烟，观音菩萨说："天底下只剩你们两个人哒，世间也不能没有人烟啊，你们两个就结成夫妻，生儿育女吧。"生儿育女、繁衍后代，是婚姻的主要目的，为了后继有人，兄妹不得已才结婚。同时也反映了人们从道德伦理上有了同姓，特别是近亲不能结婚的意识。

兄妹为了繁衍后代，不得已而结婚，有违人伦，但这又是天意安排，不可违抗，情有可原。

三个场景描写得非常神奇而浪漫。

从两座山上滚下两块石磨，要在山下合在一起，实际上是根本不可能的。但事情就是这么巧，兄妹俩从两边山上滚下石磨，"轰"的一声，石磨合到一起了！

软软的绸带甩起来，要在空中飞飘成桥，也是不可能的。但兄妹两个拿起绸带子，往天上一甩，两根绸带子就往上飘，连在一起搭成了桥。

第三个场景更为有趣，同向奔跑，本不能面对面，而观音菩萨

① 王月圣主编：《鄂西民间故事集》，北京，中国民间文艺出版社，1989。

用瞬间应急反应不过来的办法，让兄妹面对面了。

三个根本不可能出现的场景，在观音菩萨的法力安排下，一一实现，是天意促成了兄妹的婚姻，其实是反映了人们在婚姻伦理道德上的自觉，但在极端恶劣的环境下又无可奈何。故事用太阳光刺眼的现象附会以针戳人，不让人看见，表现出兄妹害羞的心情，说明人们从很早的时候已认识到近亲结婚有违人伦道德。

这个故事还反映出人们在婚姻缔结中已有了媒证物证的影子：媒证——观音菩萨，物证——石磨、绸带、大树。有了生动的场景，并由观音菩萨来主持。“滚磨”“耍绸”“转树”，又很有现场感、仪式感，表现出无限浪漫的色彩。

在土家人的婚俗中，以物为媒证、以物为信的风俗从一些传说故事中也能了解到。如《太阳和月亮》的故事讲述：

古时候，太阳和月亮是两兄妹，太阳是哥哥，月亮是妹妹，他们还是娃娃的时候，人间发生了一次从来没有

过礼交东西

过的大水灾，世上的人全都遭了难，只剩下太阳和月亮过日子。太阳和月亮到了成亲的年龄，可找遍天下每一个角落，硬是没有人烟，哥哥只得向妹妹求婚。哥哥说："世上人烟都绝哒，我们两个成亲吧。"妹妹说："自古以来兄妹是不能成亲的，如今实在是没得办法哒，那还是要找到媒证才能成亲，免得日后脸上不好看。"哥哥叹了一口气，说："哪来的媒证呢？"妹妹说："找两块石磨吵。"

兄妹俩分手，两个人一人登上一座高山，都在高山顶上烧起一堆大火，告诉对方都已登上山顶。也巧，只见两座山上烧火的烟子挨拢来，在两座山中间搭成一座烟桥，两个人都抱起一块石磨，从山上往下滚。滚呀滚，两块石磨滚下山坡，在山脚下的平地上紧紧合在一起了。哥哥和妹妹都说："天地烟火为媒，两块石磨为证，我们成亲吧。"

兄妹俩成了亲，养育了好多好多子孙，从此世上有了人烟。后来，兄妹俩得道成仙，成了太阳和月亮，轮流照看子孙。哥哥白日出来，妹妹害羞就夜晚出来。[①]

这个传说同样反映了人烟稀少、对象难求，只得兄妹成婚的社会现实，实质上是近亲婚俗的折射，但故事强调要有媒证和物证。现在，民间做媒，有的媒人要问："你想好了要我做这个媒？回去坐在磨子上想好，想清楚了再来找我啊。"

①王月圣主编：《鄂西民间故事集》，北京，中国民间文艺出版社，1989。

极富浪漫色彩的土家族爱情

土家族的爱情和婚姻，充满了浪漫主义的情怀。改土归流前，土家人在爱情和婚姻缔结过程中粗犷豪放的作风、敢爱敢恨的性格、浪漫的情怀，无不体现对爱的向往和追求。土家人以歌为媒、以物作证，自由恋爱，无拘无束。土家男女青年喜欢对唱山歌，许多男女青年在对歌中或一起劳作时产生爱情，结成终身伴侣。而且在婚姻中，女性在择偶上有自主权。土家族地区山高人稀，路阻且长，嘹亮的歌声是最好的传情媒介。男女同坐同行，一起生产劳作，彼此亲密接触，只要相爱，就能走到一起。

土家人恋爱的情歌，几乎浸透到土家人全部的生活生产中，无处不歌，无时不歌。其内容有恋情歌、苦情歌、相思歌、表情示恋歌等，其中以土家五句子歌最为生动活泼、幽默风趣，在恋爱、求爱时，五句子歌是最好的媒人。

郎唱山歌姐儿听，莫做装聋卖哑人，
唱歌如说知心话，唱得郎心对姐心，
五句子歌儿做媒人。

歌声，成就了多少土家人美好的爱情和婚姻。

土家人在生产中唱，如薅草时唱的五句子情歌：

薅草田里人又多，不好挨到哪一个，

挨到张三有人讲，挨到李四有人说，
以作挨到情哥哥。
薅草田里姐和郎，二人同打眼睛光，
哥也有心望着姐，姐也有心望着郎，
点子都在眼睛上。
太阳大哒晒死人，唯愿青天起朵云，
唯愿青天云一朵，上遮日头下遮阴，
刚好遮到我二人。

薅草田中，情哥情妹，大胆示爱，“以作挨到情哥哥”。二人眉目传情，“同打眼睛光”。太阳下，唯愿青天飘来云彩，“刚好遮到我二人”。有些薅草情歌，用对话式的散句，幽默诙谐，男女对唱，爱意绵绵。

娶亲队伍

女：青布衫儿蓝吊边，
情妹妹回家路又远。
奴的个干哥哥，
喂，
你送我回去嘛！
男：我不得闲嘛。
女：你什么事不得闲嘛。
男：我要薅草嘛。
女：你那个短命死的冤家舍，
你回回都不得闲。

男女对唱，活泼有趣。“你那个短命死的冤家舍，你回回都不得闲”，在骂声中，淋漓尽致地表达了爱意。土家族有俗语，叫“打是疼，骂是爱，不逗不打不拢来”，在劳动场合中，土家族人追求爱情，大胆而泼辣。

在生活中，歌声为媒，男追女求，大胆示爱。

清早起来到姐家，姐在屋里推合渣，
姐推合渣忙得紧，小郎抱到要采花，
稀乎把合渣搞泼哒。
清早起来找姐玩，姐在屋里弄早饭，
甑子里蒸的白大米，罐罐里煨的肥腊肉，
情哥哥来哒享天福。

早上到姐家，大胆求爱，“要采花”，姐儿用大米饭、炖腊肉招待。在土家山寨，白大米、炖腊肉是最好的饭菜招待，可见姐对哥很倾心。

情哥说是今晚到，取块腊肉来煨到，
吃不得肥的吃精的[①]，吃不得精的喝碗汤，
免得玩耍心里慌。
情哥说是今晚来，明灯高照假做鞋，
青油点哒三四两，九根灯草燃断桥，
后生说话不牢靠。

第一首，情妹煨着腊肉等情哥，想让情哥吃好，不能吃肥的就吃精的吧，精肉也不吃，那一定要喝碗肉汤啊，对情哥是那样照顾体贴、关怀备至、一往情深啊。第二首，唱出情妹对情哥的期盼和耐心等待。情妹做着鞋子，等待情哥，等得青油烧去了三四两，九根灯草都燃完了，可见时间之长哟，可情哥还不来。转而诙谐地说情哥是“后生”，说话不牢靠。这首歌活泼又风趣，表达出浓浓的爱意。

恋情歌是从早唱到晚的，歌中表达的浓浓爱意，令人神往。土家山寨，山高人稀，隔山隔水，是看得到屋却走得哭的路程。路阻且长，可歌声是可以飘过去又飘回来的。自然条件恶劣，却阻隔不了爱的传递。

隔山隔岭又隔岩，知心话儿歌传来，
听见情郎把歌唱，姐儿出门忘穿鞋，
辫子跑得竖起来。
姐儿坐在半山岩，黑路去哒黑路来，
碰到老虎当花狗，碰见老蛇当干柴，
不为情妹不得来。

---

①精的：指瘦肉。

陪十弟兄

陪十姊妹

为了与情妹相会，情哥不怕山高路远，不怕路途险恶，老虎只当花狗，老蛇就当干柴，毫无畏惧之感，只要能与情妹相会，在所不辞，土家人有着天生的胆魄和豪气。

姐儿坐在半山岩，下雨下雪你莫来，
露水掉哒有人踩，脚迹踩哒有人猜，
无的说出有的来。
姐儿坐在半山岩，下雨下雪我要来，
我来把鞋子倒穿起，转来把鞋子抱在怀，
就是神仙也难猜。

情哥爱情妹爱得大胆，爱得浪漫。情妹劝说哥哥下雨下雪莫来，免得留下脚迹让别人说闲话。可情哥执意要来见情妹，并想出一个绝妙的办法：来的时候倒穿着鞋，像是从情妹家走出，回来时，光着脚从情妹家走出。只有出来的人，没有进去的人呀，叫你猜去！土家人恋爱，既浪漫天真，又精着呢。

歌声是传情的媒介，特别是五句子情歌，可以说是土家人传递爱的第二语言。五句子表现了土家人的爱情观、人生观、审美观、价值观。这些歌，语言纯朴晓畅、幽默风趣、雅俗共赏。聆听这些爱的歌声，我们不仅备受感染，备受折服，而且在其浸润之后，会自然而然地融入精神和生命中。建始县，可以说是五句子情歌的海洋，到底有多少，目前无法统计，正像五句子歌中唱的：

五句子歌五句子歌，我的歌儿用船拖，
船头到了长江口，船尾还在东龙河，
哪个敢和我比歌。

五句子歌透露出土家人对爱的忠诚和坚贞。

挨姐坐起牵起手，见时欢喜别时愁，
情姐一语定郎心，要散除非水倒流，
阎王勾簿情不丢。

一句“要散除非水倒流，阎王勾簿情不丢”传达出情姐对爱的激情和对爱的专一。用“除非水倒流”，表达了爱情的永固。水不会倒流，爱情不会中断。土家人的爱，真挚、明朗、坚定、感人。

石榴开花叶叶青，郎把真心换姐心，
不学灯笼千只眼，不学杨柳半年青，
要学蜡烛一条心。

歌中用生动的比喻，表达出对姐的忠贞，“不像灯笼千只眼散射四处，不像杨柳只青半年，要像蜡烛一条心，为姐燃烧爱的火焰”，这些比喻生动、形象、贴切，表达出土家儿郎对爱情的专一。

还有不少民歌表现了男女青年自由的爱情生活和对心上人的赞美，如土家情歌《十想姐儿好人才》：

一想姐儿好人才，好比仙女下凡来，二人怀对怀。
二想姐儿同凳坐，二人坐下脚靠脚，来把话儿说。
三想姐儿好眉毛，眉毛弯弯一脸笑，来把郎儿抱。
四想姐儿好小脚，红丝带带白裹脚，恰恰二寸多。
五想姐儿进绣房，双手绕开红罗帐，二人谈家常。
六想姐儿金鸡啼，情哥翻身要起去，天亮奴送你。
七想姐儿把郎掐，情哥翻身睡着哒，何必不来哒。
八想姐儿下床来，手把门闩舍不得开，问郎几时来。
九想姐儿房中走，手儿牵着哥哥的手，舍不得哥哥走。
十想姐儿盼郎来，门口搭起个望郎台，望郎天天来。

情歌描绘出了一个仙女般的女子，女子“眉毛弯弯一脸笑”，又抒发了姐儿与哥儿二人的恩爱与缠绵，“怀对怀”“脚靠脚”“把郎抱”“谈家常”以至“金鸡啼”“手把门闩舍不得开，问郎几时来”，他们爱得如此热烈大胆。

有些民歌则吟唱女子的相思，如《探郎歌》：

正月探郎是新年，情哥哥一去大半年，我等到哪一天，等到哪一年。

二月探郎百花开，情哥哥一去永不来，有了别家的女，才把奴丢开。

三月探郎是清明，情哥说话是真情，话儿说得好，水都点得灯。

四月探郎是立夏，情哥下河把鱼打，好鱼上了别人的钩，情丢义不丢。

五月探郎是端阳，雄黄美酒敬小郎，劝郎多喝雄黄酒，免得蚊虫咬小郎。

六月探郎三伏热，缎子鞋儿做不得，汗手摸一把，花儿毁了色。

七月探郎七月七，牛郎织女两夫妻，要得夫妻重相会，还在七月七。

八月探郎八月八，神隍庙里把香插，烧的是金钱纸，打的是文王卦。

九月探郎九月九，哥哥牵到妹的手，这样恩情厚，难舍又难丢。

十月探郎郎不来，门前搭起望郎台，妹在台上望，望郎哪方来。

冬月探郎下大雪，姐儿门前遍山白，人不留客天留客，就在我家歇。

腊月探郎腊月腊，奴家有个年猪杀，情哥哥你没来，好的留起在。

从这些民歌中可以看到，土家人对婚姻自由的追求与向往，以及他们男欢女爱、无拘无束、以歌为婚姻之媒的历史。

清代改土归流后土家族的婚恋变化

清雍正年间，土家族聚居区实行改土归流，经济社会发生巨大变化。随着封建制度的推行和汉文化的浸润，土家族婚姻由以歌为媒、自由恋爱转变为父母之命、媒妁之言，特别是女性，已基本无自由选择的权利，全由父母哥嫂等包办婚姻。

鹤峰州官毛俊德更是明文告示，对婚姻礼节作出严苛的规定：

为晓谕婚姻礼节事。照得：男女人道之始，不娶同姓，即异性必无亲属服制，然后请凭媒妁，两家通知明白，依礼聘嫁。主婚由本生父母及祖父母，两者俱无，从伯叔父母，姑兄姊内家长一人主婚，此定礼也。本州土俗，不知家礼，娶妻不论同姓，又异姓姑舅姊妹，罔顾服制，否则指云让亲。更有不凭媒妁，止以曾经一言议及，即称曰“放话”，执为左券者。又女家疏族外戚，亦得把持主婚。伤理悖律，莫此为甚，合行晓雍示禁，为此示仰土著居民人等知悉。嗣后男女婚姻如属同姓，不许议及，即异姓虽无服制，而尊卑名分犹存者，亦不许议及。此外，如有议婚者，请凭媒妁，两家通知明白，必各情愿，然后行聘。待女家受其聘礼回报婚书，方不得悔，否则男家不得借“放话”二字，辄以悔婚具告。至于主婚，女家自父母祖父母外，伯叔兄姊有人，外姻远族不得干预，如有不遵，按律法究。再男女婚配，必须年纪相当，查此土有男子三十岁而女未及笄者，又或女子二十、三十岁，而男尚勺象者，年齿不配，伉俪必乖，为父母者是诚何心！嗣后务宜悛改，敢有故违，一经访闻，或被告发，罪坐主婚，男女离异。又男子亲近设席，约迎女家亲戚，无非以合二姓之好，非可借此以图口服。夫何此土恶习，女子出嫁，女家即多索男家请帖，沿门遍邀，一至婚期，凡族亲外戚，及略有瓜葛者，扶老携幼，动经什百，在男家彻夜恣饮，数日不返。或男女同席，詈谑交加，伤风败俗，莫此为甚。兹并严禁，毋得再蹈故辙，有干查究。更可异者，访得此地女子，自受聘后，每逢年节，男家必多备猪腿酒盒，于女家户族母舅外戚遍送，名曰“朝月”。稍有不周，便滋诟詈。及至出嫁，女父母要奶水钱，诸父昆弟姊妹旁索，谓之“支陈”。更有让亲之需。以上各项，不惟礼出无名，实乃寡廉鲜耻，亟宜速改，不得因循，违者必究，总之婚姻为人伦之首，虽近日民间嫁娶六礼多不全备，未有任意混行如此地者。除禁革各款备载于后外，所有应行各礼，本州约略数条，开列晓谕，嗣后各宜凛遵，力洗旧俗，庶万化之原正，而礼乐之兴可几矣！切切特示。①

文告严格规定了同姓不准结婚，婚姻必须由父母做主、由媒人说定等。文告中也有积极的内容，如不准近亲结婚，不准以“放话”之名逼婚，不准外戚干预婚姻，不准在婚姻期间像吃大户似的以此图口服，结婚者要年龄相当，父母不准强行索要奶水钱，不准旁索支陈等。

①乾隆《鹤峰州志》卷下，《风俗·文告》。

改土归流后，除了严格规定婚姻必须由父母做主、媒妁之言外，官府还详细规定了婚姻的细则。如，在婚姻中如何提亲说媒：

两姓男女年纪相当，又无亲属服制，而男女父母情愿结姻者，必先央媒妁将男女有无废疾及乞养过继，通知明白，然后行聘定礼。一有不愿，即止。

行聘之期，男家择定必先托媒妁通知女家。其行聘礼物随力制备，富者绢帛、簪环、果酒等物；贫者寸丝尺布或仅簪环亦可。惟庚书，女男二家俱不可少。今随地通变，庚书许各用红全一合，男家书写第几男，某年月时生，全面写“庚书”二字。礼物另用红全开具，后写姻眷弟某率男某顿首拜，凭媒妁押送女家。女家收聘亦用红全，书写第几女，某年月日时生，面写“庚书”二字，再用红全于首页之前写姻眷弟某顿首拜。中黏红签上写“领谢”二字，交付媒妁回复男家。倘女家备有回盒纸笔及鞋袜巾扇之类，亦另用红全开具，后幅仍用姻眷弟某顿首拜，附庚书谢帖篋内。此礼既成，终身莫悔。[①]

这里较详细地规定了媒人如何提亲、如何写男女庚书、陈送庚书和庚书的法定效力，“此礼既成，终身莫悔”，男女庚书成了有法定约束力的证书。

男子十六以上，女子十四以上，婚姻及时，男家先择日期，早托媒妁通知女家。如女家许约，男家量力制备衣饰、布帛、果饼等物，于期前用名帖开具礼单，另以红

①乾隆《鹤峰州志》卷下，《风俗·文告》。

全开明亲迎日期，先告祖先，然后遣人同媒押送女家。女家收纳亦用名帖回复男家。届期如女家备有妆奁，先送男家。此期一定，两家不得爽约。①

这里详细说明了男女结婚的年龄，如何报期，如何备制礼单，如何写报期单，怎么呈送报期单，女家如何回复等内容，并规定“此期一定，两家不得爽约”。

男女亲迎之期，男家之父率男告禀祖先毕，令男乘轿或骑马，同媒先诣女家，拜告女家祖先毕，少坐，待女家领女拜告祖先，拜辞父母诸亲，男即乘骑先归，女后乘轿，导以鼓乐。至夫家，一切拜见礼文，听从乡俗。再此地迎娶，令人背负而行，殊属鄙陋。今本州捐置帏轿六乘，分置州城、燕子、五里坪、北佳坪、太平镇、邬阳关等处，听尔等附近居民亲迎取用。嗣后，州民中有照式公置公用者或独置赁租者，均听其便。②

这里规定了娶亲的程序，写明怎么祭祖、怎么坐轿、怎么行礼等内容，连礼数的先后也写得明明白白。

再醮之妇礼文，自较童婚稍减。一面行礼一面亲迎者有之。至主婚受财非得其人不可。何此地夫亡之妇，有种不法之徒，捕风捉影，辄向孀妇家亲族或母家亲属求娶。此言一出，即曰“放话”。倘后议婚不果，即以“放话”为词，以悔婚具控。又或女家父母兄弟已私将孀妇许人，

①乾隆《鹤峰州志》卷下，《风俗 · 文告》。

②乾隆《鹤峰州志》卷下，《风俗 · 文告》。

而夫家亲族又将孀妇许人者，每遇再醮，告争多端，总由主婚受财，无一定之人所致。今本州仿照俗例，揆之情理，定为规模，嗣后孀妇再醮，许母家择婿，夫家受财，亦必彼此通知明白，然后聘娶。[①]

这里规定了再婚之妇如何再婚和迎娶。

从史料记载看，改土归流后土家族在婚俗上的改变是比较大的。主要体现在婚姻由过去的以歌为媒，在生产生活中互相了解、自由恋爱相定终身，转变为父母之命、媒妁之言，女性无婚姻自主权，婚姻上的男女平等不复存在。这对土家族男女青年特别是女性来说，无疑是一副沉重的枷锁。我们从传唱的情歌中，可以了解改土归流后的一些婚姻状况。如《探妹歌》：

正月探妹是新春，今年婆家来求婚，妹往婆家去，伤了郎的心。

二月探妹惊蛰节，浑身上下姐绣的，劳慰姐绣花，劳慰姐做鞋。

三月探妹是清明，二人挽手说真情，话儿说得好，水都点得灯。

四月探妹四月八，神隍庙里把香插，双手摇金钱，占个文王卦。

五月探妹是端阳，雄黄美酒陪小郎，多喝雄黄酒，免得蚊虫伤。

六月探妹是三伏，二人挽手一场哭，正好玩几年，你把闺门出。

---

① 乾隆《鹤峰州志》卷下，《风俗 · 文告》。

七月探妹七月七，口骂情哥无主意，早给爹妈说，把奴许配你。

八月探妹是中秋，姻缘本是前世修，心想成夫妻，今生不能够。

九月探妹九月九，手上戒指金丝钮，情妹你戴起，情丢义不丢。

十月探妹小阳春，黄丝腰带解一根，情哥你系起，紧紧缠郎身。

冬月探妹雪花飘，婆家抬的花轿轿，情哥你让开，让奴上花轿。

腊月探妹小年来，情哥死在城墙外，心想哭一场，哭郎不转来。

《探妹歌》以十二月作为线索，叙写一对有情人不能终成眷属的爱情悲剧。歌词着重刻画因女子嫁给他人，情哥难舍难分、万般无奈，最终相思殒命的悲情场景。

歌曲开门见山点出缘由，“妹往婆家去，伤了郎的心”。情哥看着自己一身穿着都凝结着情妹的千针万线，生出无限感慨，并把这种挚情托予戒指，“情妹你戴起，情丢义不丢”。情妹则把对情哥的真情化作细心的关爱，“多喝雄黄酒，免得蚊虫伤”，临行之前解下一根黄丝腰带，“情哥你系起，紧紧缠郎身”，可谓情深意切。然而，爱意难续，可怜情哥，心灰意冷殒命荒郊。一对有情人，不仅难成眷属，更成阴阳相隔，令人唏嘘不已。又如《探妹歌》：

探 妹 歌

1=C $\frac{2}{4}$
♩=50

革启胜 演 唱
荣先祥 记词谱

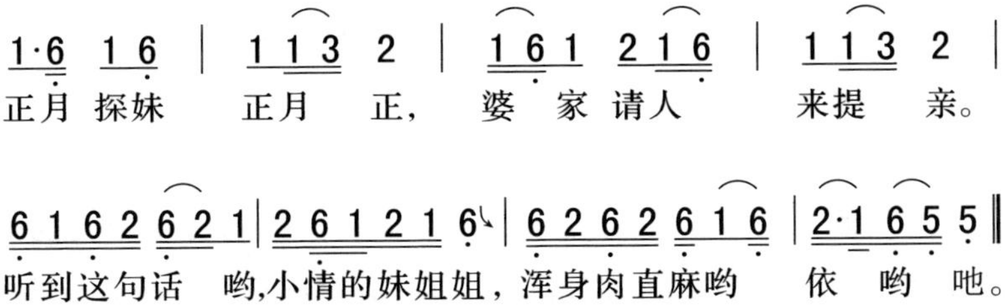

1·6 1 6 | 1 1 3 2 | 1 6 1 2 1 6 | 1 1 3 2 |
正月 探妹 正月 正， 婆 家 请人 来提 亲。

6 1 6 2 6 2 1 | 2 6 1 2 1 6 | 6 2 6 2 6 1 6 | 2·1 6 5 5 ‖
听到这句话 哟,小情的妹姐姐，浑身肉直麻哟 依 哟 吔。

正月探妹正月正，婆家请人来提亲，听到这句话，浑身肉直麻。

二月探妹惊蛰节，浑身上下郎制的，你往婆家去，怎么舍得你。

三月探妹是清明，情哥说话是真情，说的真情话，水也点得灯。

四月探妹立夏来，小郎哥哥抱在怀，抱在怀中去，抱在怀中来。

五月探妹是端阳，昨晚梦见小情郎，郎要想着姐，姐要想着郎。

六月探妹是三伏，二人挽手一场哭，正好耍几年，你把闺门出。

七月探妹七月七，牛郎织女配夫妻，要得夫妻重相会，要等七月七。

八月探妹是中秋，小郎我俩要丢手，你不丢手奴丢手，夫妻俩丢手。

九月探妹九月九，金打戒指银丝钮，情妹你戴起，情丢义不丢。

十月探妹小阳春，黄丝腰带买一根，情妹你系起，紧紧记在心。

冬月探妹下大雪，婆家花轿把奴接，奴要上花轿，我双手捧轿门。

腊月探妹年又来，小郎跟到后面在，又想喊一声，心中口难开。

《探妹歌》以月份作为叙事线索，刻画了一对痴情男女面对无法相守的现实，表现出的难分难舍、藕断丝连又无可奈何的复杂心情，在一定程度上揭示了封建婚姻对爱情的戕害。先写情妹即将嫁人之际，双方难以割舍的心情；再写这对情人对往日恩恩爱爱的甜美回忆、难分难舍的凄惶以及发自肺腑的叮嘱；最后写女子上轿出嫁，情郎舍不得分离的场面。

当然，改土归流后的婚姻制度，也有其积极的方面。如：结婚者必须年龄相当，拒绝男大女小、女大男小的畸形婚姻；不准借联姻索要财物，并强调“贫者寸丝尺布或仅簪环亦可”；不准在婚期遍邀亲友，在男家“彻夜恣饮，数日不散”。这些内容，即使在今天也有积极作用。

十抬大花轿穿行于乡村路上，古朴典雅，尽显土家风俗

喜庆浪漫而又有深刻文化内涵的土家族婚俗仪典

在土家族婚俗文化中，婚俗仪典仪式具有丰富的文化内涵。我们从历史典籍的记载中，可以了解一些仪式过程。如：

冠礼：冠礼废久矣。邑惟于将婚之前日，父母祀祖先，致祝词，宴客醮子，请少年未婚者陪之，谓之“贺郎”；亲友或制小匾因其名而为之字，书以金泥，先期鼓乐送至，谓之“送号”。则犹古者冠而字之，以敬其名之意也。女家亦于是日择贤妇人之为笄，谓之“上头”，请未嫁者数人陪笄者宴，谓之“带花酒”。

婚礼：婚礼俱遵家礼，惟不亲迎。纳采曰“插香”，纳币曰“过礼”。女家不取聘财，男家不索厚奁，其风颇为近古。

迎亲日，鼓乐仪仗，红灯导引，以米一袱置彩舆中，曰“坐轿米”。彩舆至女家厅中，麾舆从出，以斗覆轿前，女兄弟扶女出，立斗上拜辞祖先，撒箸一束，曰“不家食”。

女至婿门，婿家陈香烛、酒醴、鸡一，祀护送神于门外，曰“堵煞入门”；门内燃七星灯，罩以筛，喜娘二人，扶女从筛上过，曰“触邪”。

庙见后，拜见舅姑，以次拜诸亲，曰“分大小”；择夫妇全而有福者拜之，曰“开拜”；复择夫妇而有福者后拜之，曰“圆拜”。[①]

又如：

聚亲，男家请媒，茶定谓之过门，随具仪物庚帖，女家填写八字。长成纳采请期。冠礼，男家于成婚前一日行之，延宾告祖，并请未婚童子十人，名曰陪十弟兄。女家亦于是日请未笄陪十姊妹十人，名曰陪十姊妹。

婚礼制数仪仗，循分尽礼，或曰为喜事，或曰接亲，或曰过会头，称呼各随相沿。[②]

婚丧，土家男女青年喜欢唱山歌，许多青年男女在对歌中，产生爱情，结成终身伴侣。

结婚时，男方请客总去女方迎亲，女方在大门口摆一桌子，唱盘歌，叫做拦门礼。唱的盘歌，有婚姻礼节、天文地理、历史故事等。若对答得好，顺利迎亲，若对答不好，要求客总从桌子下面钻过，才准迎亲，引起亲友的欢笑。[③]

从这些记载中，我们可以了解土家族婚俗中的一些仪式，如上头、插香、过礼、喝拦门酒、拦车马、吃“敬茶”、陪十姊妹、坐十弟兄等仪式，还有对歌结缘的历史。

同时，我们从土家族五句子情歌中也可了解土家族的一些婚俗仪典。如：

---

①（清）李勖：《来凤县志》风俗志。

②（清）张梓：《咸丰县志》卷7。

③恩施土家族苗族自治州民族事务委员会：《鄂西少数民族史料辑录》，390页，内部资料，1986。

喝拦门酒

柑子树上扳干柴，望见婆家过礼来，
前头背的猪和酒，后头背的酒和茶，
过得三天到婆家。
柑子树上扳干柴，望见婆家娶亲来，
前头打的遮阳伞，后头抬的花花轿，
轻吹细打好热闹。
花花轿儿抬进门，哥哥背我出房门，
双脚站在斗底上，一把筷子撒家神，
出去就是婆家人。

五句子歌唱出了土家族婚俗中过礼送礼猪、娶亲打遮阳伞、唢呐和锣“轻吹细打”、哥哥背新娘上轿、踩金斗、甩筷子的仪式。

在婚姻缔结中，从提亲到结婚生子，有很多的婚俗仪典仪式，保留下来传承至今。这些仪典，有的是为了符合改土归流后的规矩和约束，如请媒提亲、拿红庚；有的是为了显示女方的高贵、有名望、都管和押礼先生的才华，体现土家族抬头嫁姑娘、低头接媳妇的礼数，如拦门酒；有的是表达在结婚时要不忘祖宗的护佑，如敬祖辞祖；有的是为了感恩父母的养育之恩，留恋兄弟姊妹的情意，如陪十姊妹；有的是哀怨对包办婚姻的不满，如哭嫁中的骂媒；有的是劝说姑娘做了媳妇要孝顺公婆、礼敬丈夫、勤俭持家、妯娌和睦、讲道德、守本分，如十姊妹中必唱的劝导歌；有的是表达对幸福美满婚姻生活的向往，如踩金斗、甩筷子；有的是为了营造喜庆的氛围，如闹压轿粑。很多仪式具有良好的教化作用，成为婚前生动活泼的伦理道德教育而被一代一代传承普及。

这里要说明的是，土家族婚俗文化，是集汉文化、其他民族文化与本土的土家族文化于一体，形成的多元文化交相辉映。建始县有1700多年的建县历史，是古代巴国故地，受族群流动的影响，逐步改变了民族分布和构成。土家族聚居区长期以来处于县境边缘地带，境内亦有规模聚居区，但在历史上不属于土司统治地区范围而属于流官统治地区，受汉文化影响很大。考察建始县民族构成成分，相当久远而复杂。秦灭巴后，巴国疆域纳入秦朝的政治版图，土家族聚居于祖国的腹地，处于汉族和西南少数民族地区的结合部，大量汉族先后迁入境内。早在宋代，施州城及附近就出现了土汉杂居局面。实行土司制度时期，中央王朝派遣军队长期驻守施州所辖的建始，以加强对土家族土司的监视和军事威慑。同时，也有部分商人、手工业者和农民相继迁入。特别是改土归流后，大量迁入的汉族和其他少数民族，对土家族地区的经济文化发展有重要的影响。如明末清初，建始由于战乱等原因，人烟稀少，到康熙二十年（1681年）战乱结束，社会秩序稍趋稳定，渐渐有复业之民返乡，但全县仅80户人家，约300～400人。[①]清廷为改变这种“民无遗类，

①数据引自傅一中编纂：《建始县晚清至民国志略》，内部资料。

地尽抛荒”，经济凋敝、赋税难筹的严重局面，推行“召民垦荒”政策，凡流民入境复业者，一律妥善安排，以夫妇为一户，给水田三十亩或旱地五十亩，作为自有世业田。另有成丁者，再外增添亩数。由官府贷给所需种子和耕牛，并免税三年，滋生人丁永不加赋。这些措施让流亡农民回归故土，人口随之骤增。清代《建始县志》记载：“嗣是，荆州、湖南、江西等处流民竞集。”乾隆二十年（1755年），建始人口猛增到1.6万户，7.4万多人。

人口的大量增加，一方面使大量的土家族人接受汉文化；另一方面，也使大量的汉族人逐步融合于土家族之中，为土家族不同支系的形成起到了催化作用。特别是融入土家族聚居区的汉族人，长期与土家族人通婚，共同生活，频繁的经济交往和文化交往使他们与土家族人的文化特征渐趋同一，并承认自己是土家族人。

不是直到改土归流时期，才有汉族人大量迁入土家族地区并逐渐土家化的，现在土家族的大姓——谭姓早在元末明初，就由于战乱迁入鄂西南而逐渐演变为土家族大姓。以巴东为根基的八坪谭氏，是由于战乱从南京凤阳府迁移过来而土家化的大姓。笔者小时候在办红白喜事和过年节时经常听大人们讲述巴东八坪谭氏传说，至今记忆犹新。

传说巴东八坪谭氏，祖先为科举进士，任南京凤阳府知府。元末明初，天下大乱，土寇猖獗，凤阳沦陷，太祖谭常凤（字殷隆，号舜禹）和太祖婆佘太君被追至湖北宜都，殷隆公在宜都八斗台遇难，葬于宜都燕子岩。当时，佘太君已身怀六甲，带着家丁、奴婢，历尽艰险，由宜都逃往巴东避乱。在敌兵追击中，佘太君和随从家丁躲进巴东响洞坪响洞中，乱军把住洞口，佘太君等在洞中摸索向前，家丁奴婢都被饿死，只有佘太君坐着一个金盆，随着阴河漂流了七天七夜，终于看到亮光。佘太君上来一看，自己是在半岩之中，上下绝壁千仞，哭喊着：“这是天要灭谭啊！”这时，一只老鹰飞到洞口，看着佘太君。佘太君说：“畜生啊，你要是吃我呢，就摆头三下，你要是救我呢，就点头三下。”这时，老鹰对着佘太君点头三下，然后，张开翅膀站立在佘太君面前，佘太君抓住翅膀，闭上眼睛。老鹰腾空而起，佘太君只觉得凉风呼呼，不敢睁眼。飘了一会儿，感觉着了地，佘太君睁眼一看，已落在地上。佘太君口干舌燥，环顾四周，想找点水喝。只见一只金鸡用爪子在地上刨出清泉。佘太君捧起清泉饮足，说：“这是天不灭我谭氏啊。”于是佘太君在这里结茅而居、拓荒创业，后生下一子，取名谭天飞。谭天飞长大成人后，娶当地戈氏、倪氏两个夫人，生了八个儿子，八子长大后住所坐落在八坪、八洞、八河。长子谭桂寅居住在苜蓿坪天泡洞故县河，次子谭桂传居住在大田坪猴子洞中坝河，三子谭桂芳居住在水流坪磨河洞桥水河，四子谭桂旺居住在双社坪十股洞天心河，五子谭桂甫居住在（四川）山羊坪鹞子洞重尖河，六子谭桂林居住在（长阳）磨石坪川心洞宜都河，七子谭桂枝居住在家社坪鸦鹊洞毛龙河，八子谭桂海居住在落婆坪神仙洞磨刀河。这就是落婆坪、金鸡水地名的来历，以及谭氏所生八子，坐落八坪，坐不到天下，要塞满天下的来历。从这个历史传说可以看出，谭氏是土家化的大姓。同时，谭氏婚俗文化中的“整”女婿以增添喜庆气氛的习俗至今流传。女婿回门或正头七月来后家，后家哥嫂姊妹都要“整”女婿，或端上大碗肥肉让女婿必须吃完，或在饭中夹上冷肉或放上大把食盐，或给女婿脸上抹锅灰，给嘴上涂生油，女婿非但不恼，还乐此不疲。

下面，介绍一些土家族婚俗文化中传承至今的重要仪典和其表现出的内涵。

一、提亲

改土归流后，土家族男女婚姻一切遵从父母之命、媒妁之言。请媒人提亲，是成就婚姻的必须。

过去，男孩长到十二三岁时，父母就要开始为孩子的婚姻筹划了。他们四处打听，暗地走访，找到门当户对的人家和年龄相当、针线火头好的姑娘。有的还请人私下问生辰八字，算算和儿子的八字合不合。打听好了就请媒人提亲。

请媒人是很有讲究的，一般是请本地乡贤，能说会道的人，或是找女方的亲戚朋友担任，这样成功率会更高。

相中了媒人，父母就要置办礼物，把媒人请到家里，以酒肉相待，请求媒人前去说亲。媒人受主人之托，到女方家去提亲，也叫“讨口气”。媒人到女方家带着一把伞，叫作“团圆伞”，这是媒人的重要“仪具”，女方的意见全在这把伞上。媒人到女方家中，先把伞倒置于大门外，女方便知是专程前来说媒提亲的了。主人把媒人请到火塘里，以烟茶相待。媒人则说明来意，介绍男方家庭情况。女方父母根据媒人介绍的情况作考量，不会当场说出同意或不同意，只用媒人的伞暗示。女方听了媒人的介绍，若认为可以考虑，便会把伞正立过来，证明女方愿意考虑这门亲事了，媒人从伞的放置顺序知道有了初步的成效，这个媒就可继续做下去了；若伞没有正立过来，媒人就不要再来了。根据放伞的信息，媒人回男方家，告知是否可以继续撮合这门亲事。

若“有口气”，男方父母与媒人再约日期到女方家继续提亲，媒人把伞正放在大门之外。这次媒人的任务主要是了解女方的父母在打听男方家庭情况和男娃长相、品行等情况后的意愿。女方父母打听情况后，若同意这门亲事，便会向媒人“放话”。媒人若看见伞放到了堂屋或火塘屋里，便知女方父母已基本同意这门亲事了，此后媒人会再约一个时间专门去女方家询问生辰八字。

提亲这个过程，全由媒人作为中介，媒人两边跑，沟通双方的意愿。女方的意愿全在那把伞上，双方以伞为信，同意与否，看这把伞便知。不当面说出，是给媒人面子，不得罪媒人。土家人有智慧呢！

媒人把女方生辰八字拿给男方，这提亲的事宜便算成功了大半。男方合了八字，若八字相合，就可以商量看地方的事；若八字

"女儿城"的媒婆

相冲，媒人也会把不相宜的内容告诉女方父母。八字不合，不能结成姻缘，男女双方不伤和气。合八字，主要是以女方的八字作优先考虑。

二、看地方、看人家

看地方、看人家是婚前一个比较重要的仪式。看了地方，看了人家，若女方看不中，婚姻就会化为泡影。

经过媒人的多次撮合，且八字相合，媒人就要代表男方到女方家去确定看地方、看人家的事。看地方、看人家是女方对男方的一次较为全面的了解。届时，姑娘由母亲或嫂子领着，来到男方家了解情况。最初，女儿是不能到男方家来的，由媒人带着父母及哥嫂代看。随着社会的发展，特别是新中国成立后，姑娘可随媒人、母亲或嫂嫂到男方家看地方，并有了婚姻决定权。

因看地方、看人家是决定婚姻成败的关键。所以，男方对看地方这件事是非常重视的。生活上，杀猪宰羊，整起十大碗宴席；礼节上，要把至亲至戚、左邻右舍接来帮助陪客人，还要给女方“打发”即见面礼。见面礼的礼品也随时代变化而变化，最初是扯衣料，后来是衣服、手表，现在多半是红包、首饰等。见面礼不仅是姑娘有，带着姑娘去的人也有。看了地方和人家，若女方没有什么意见，这门亲事就算成了，只等报期和过期了。若看了地方和人家，女方不中意，则走时不会接受礼物。事后，就给媒人一个信息，了结婚姻之事。在建始，看地方和看人家，有的地方还分两个仪式，有些地方是合二为一。如建始三里，看地方，是先和媒人去了解男方家庭周围环境，看看风水好不好，有多少山、多少田，水井离家有多远等。看中了地方，再由媒人去约定看人家。若地方没看中，就会告诉媒人。看地方、看人家，在土家族婚俗中是必不可少的环节，建始传唱的民歌《葛藤开花》描写了这个过程：

葛藤开花绿油油，爹妈陪我看人家。
走到场坝看一看，四平四正宽又宽。
走到堂屋看一看，四方桌子摆中堂。
走到火坑看一看，红漆椅子摆八方。
走到猪圈看一看，猪儿肥了马成双。
走到鸡圈看一看，鸡儿肥了鹅成双。
回去商量爹和妈，这个人家放得哒。
今年正月要出嫁，吹吹打打花轿来。
爹爹送到场坝外，妈妈送到家门口。
哥哥送到家门口，嫂嫂送到大门外。
爹爹陪送花铺盖，妈妈陪送花卧单。
哥哥陪送花洋盆，嫂嫂陪送抹布巾。
爹爹问我几时回，明年正月我再回。

妈妈问我几时回，过段时间我再回。
哥哥问我几时回，灯草开花我再回。
嫂嫂问我几时回，我说永远都不回。

歌曲以“葛藤开花绿油油”起兴，暗示姑娘已经到了谈婚论嫁的年龄。接着描述姑娘在父母的陪同下“看人家”，五个排比的铺陈，赞赏了男方家庭的殷实，一句“这个人家放得哒”，正是姑娘的心声。姑娘出嫁，家人送别，在一问一答中，巧妙地表现出姑娘与家庭成员间亲与疏的微妙关系。

三、认亲

女方看了地方和人家，同意这门亲事，接下来男方就要到女方认亲了。认亲同样要在媒人的协调下进行，媒人先到女方家询问要认多少门亲，以便男方安排认亲的礼物，一般是女儿的伯伯、叔叔、外祖父、外祖母、舅舅、舅妈等。

选定吉日，媒人带领男方到女方认亲。届时，女方主要亲族分长幼辈分坐在堂屋的两边，女婿进门后，先将礼物放于堂屋正中镶桌上，然后由女方长辈领着未来的女婿从最长的一辈逐一介绍，“这位叫外祖父，这位叫舅舅……”女婿就按岳父母或支客司的指挥一一亲近地打招呼，并鞠躬致意。认了亲戚后，男方的父母就会将准备的茶食送给女方亲友，女方亲友也会有“打发”的，或红包，或鞋袜，并说一些吉祥之语，祝贺开了这门亲。亲友认完，女婿再将送给岳父母的礼物呈上，一般是衣服之类，现在也有给红包的。最后，女婿把给姑娘的礼物送上，一般是衣服、鞋、首饰。在过去，姑娘是不能亲自收的，要由姑娘的母亲或哥嫂代为笑纳。现在，女方可大方地接受未来丈夫的礼物了，甚至还可调侃几句。

开了亲、认了亲就算是一家人了。在结婚前，正月、端阳、月半，男女双方便可自由走动了。过去，即使定了亲，也得等上一年后才能结婚，即认亲之后，姑娘还须在家过上一个年才能让男方迎娶，以表示女方是养得起姑娘的，同时，姑娘也要有一段时间准备嫁妆。在婚前的春节期间，女婿会带着礼物到姑娘家拜年，并接姑娘到男方家过节，姑娘则在母亲或嫂嫂的陪伴下，到男方家过节。但在过去，结婚前，姑娘是不能到男方家走动的。

看地方、看人家之后，需要等一年之后才能结婚，这一规矩现在已不复存在。有很多家庭看了地方之后，只要双方愿意，即可选择吉日举行结婚仪式。

四、报期

报期，也叫“求肯”，即恳求同意结婚。男方先请媒人到女方家提出结婚请求，若女方同意，男方再按男女双方的生辰八字，多以女方的生辰为主择吉日。男方选定日子后，用红纸写成报期单，期单上写明结婚的日期，包括过礼、发亲、圆亲等具体时间的安排，以便女方准备。期单的书写形式有很多种，如：

预报佳期

伏以

乾坤交泰　易开阴阳之统

妫汭言婚　尚书开礼乐之源

历千秋而不易　垂万古以常新

恭维

×府亲家大人门下簪缨世胄礼乐家声

昔蒙不弃与卑弟结为朱陈之好

今承金诺收豚子永作东床之选

彩帛未纳佳期预报

×爰订期于

×年×月×日迎亲上上吉

姻眷弟×××偕室×氏

率男×××

顿首端肃

预报佳期

伏以

月桂飘香　　婚姻乃人伦之首

礼重亲迎　　所以崇王化之原

亘古如兹

于今为列礼乐家风诗书门第

右启

大壸硕德×府尊亲

×××顿首再拜

翁家大人

文次

×夫人姻见弟×××率男×××遵依时宪

通书择取×年×月×日×时结纳上头人属×命面向×方大吉

报期×年×月×日

吉报

预报佳期

伏以

月桂飘香　　婚姻乃人伦之首

礼重亲迎　　所以崇王化之原

亘古如兹

左启

大壸硕德×府尊亲

×××顿首百拜

文次

×夫人姻见弟×××率男×××遵依时宪

通书择取×年×月×日×时结纳上头人属×命面向×方大吉

报期×年×月×日

吉报

期单上的年月日在过去是用甲子纪年书写，月份也是根据季节的特点等定有特定的称谓，如：正月端、二月花、三月桐、四月梅、五月蒲、六月荔、七月瓜、八月桂、九月菊、十月阳、冬月葭、腊月腊。

期单写好后，要成等分折叠，将纸两边对折至中间，写上“预报佳期”。“预报佳期”四字写在对缝上，即一字两边各半。

有的地方，如花坪龙王淌一带，还会在期单拟好后，包上一枝柏树枝叶，放在礼盒里。柏树是常青树，谐“百年好合”之意。媒人拿着礼盒，和男方家长到女方家去“求肯”。到了女方家，媒人不能直接把礼盒给女方家长，而是要放在女方家堂屋的香案上。媒人要询问女方家长要多少套衣服，多少双鞋袜，多少族茶、亲茶。族茶，是送女方姑娘的祖父母、叔伯、父母、哥嫂的，侄子辈则不派族茶。亲茶，是送女方姑娘的外祖父母、舅舅的，表亲这一辈不派亲茶。同时，媒人也告知男方这边需要多少双布鞋，一般是给男方祖父母、叔伯、父母及哥嫂，在姑娘嫁过来后，敬茶改口时赠送。

报期是婚俗中必不可少的仪式，虽然现在土家人恋爱自由，但请媒报期是不可减省的。

笔者在建始县三里乡石牌村做婚俗田野调查时，村民黎JF讲述了他嫁女的过程：

问：我想请你谈谈你们村的整体情况和保留民族婚俗文化的情况。

黎：好！我们村地处三里乡东南部，距沪渝高速公路、318国道500米。村里有1290口人，包括土家族人、苗族人、汉族人，近年来外出打工的人结婚带回来的还有畲族人，土家族人占39%。我们村民风淳朴，2009年被国务院表彰为“全国民族团结进步模范集体”。民族婚俗文化在我们这里保留得较好，结婚的人有30%左右按土家族传统仪式举办婚礼，特别是近几年，按土家族传统婚俗结婚的人逐步增多。人们认为，婚礼一生一世办一次，要隆重点。民俗婚礼庄重、喜庆，仪式感强。

问：你觉得，现在按土家族民俗婚礼仪式举办婚礼有意义吗?

黎：我觉得，用土家族传统民俗婚礼仪式举办婚礼很有意义，很有必要。一个民族，没有文化不行，要打造旅游目的地，没有文化不行。我觉得，要提倡传统婚俗礼仪，包括生孩子打喜①。我们三里这地方生小孩子打喜花鼓，上过中央电视台。婚俗、立屋上梁等习俗都要保留。政府有关部门要组织起来，把这些文化传承下去。不然，再过几年，这些传统的土家族文化就不存在了。这里既然是少数民族自治地方，少数民族的文化就要保留传承。

问：你们村现在结婚主要采取哪几种形式?

黎：现在有三种形式，有的把土家族整个婚俗仪式仪程走完，有的是走部分仪程，有的不走仪程。在婚礼中，敬祖的环节是不能丢的，请媒人是不能丢的。看地方、认亲、报期等是不能不搞的。我们村大约有20多名结婚者是由媒人介绍，即使自由恋爱，成功了也还是要请媒人去说媒的。

①打喜：家里添丁了，亲戚朋友前来贺喜。

问：你有几个孩子？结婚了没有？能说说孩子的婚姻过程吗？

黎：好的。我的女儿，1991年生，土家族，大学文化程度，自由恋爱，嫁到三里乡老村，女婿是汉族，高中毕业，两人于2014年定亲。

他们自由恋爱后，男方请媒人到我家里来提亲。提亲后，过了一段时间，媒人又到我家征求了我的意见。又过了一段时间，媒人又和男方长辈过来，问我们有何意见，我跟媒人说没有任何意见。又过了一段时间，媒人来约日子看地方。因我们对三里老村的地方熟悉，就说不用看地方了，约了日子看人家。我们去看人家，男方长辈给女儿买了衣服以及牙刷等生活用品，还给了红包，给我也包了红包。

看了人家后，两边就互相接到家里玩。

这样过了一段时间，媒人就来谈订婚报期，他们家来了八个人谈订婚报期的事，我们也请了能说会道的人当都管[①]。男方用红纸写了期单子，封面上写的“佳期预报”，放在家神前边的桌子上。坐席后由两边的都管收拾好堂屋，香案上点上红蜡烛，由都管交接彩礼、茶食。男方给我姑娘买了金银首饰等，给我和兄弟、叔伯兄弟、孩子的舅舅的茶食都是红包。到我家认亲只认了两辈人，我父亲这一辈和我们这一辈。男方来认亲和报期的时候要有鞭炮，走的时候男方都管在女方香案前打躬谢祖。

结婚时，要敬祖。我们敬祖还烧了包袱，写包袱有一定的样式。女方写的样式：

①都管：婚礼期间的总管。

敬 祖

于归寄钱

故祖父黎公讳××一位

火中收用

孙女黎××

公元××年×月×日

男方写的是“加冠寄钱”，其他样式一样。

包袱一般是给结婚者上三辈已故的人烧化。

问：你们村陪十姊妹的多不多？

黎：我们村大多数人家结婚都要陪十姊妹、坐十弟兄的。如嫁姑娘，都热热闹闹地陪了十姊妹。好多老年妇女都会唱哭嫁歌，现在，有不少中青年也学唱十姊妹歌和十弟兄歌，还新编了歌词呢。

从采访中我们可以看出，在土家族聚居区人们非常重视婚姻过程中的仪典仪式。

五、过礼

在女方的正酒头一天，男方的路都管、媒人和押礼先生一同到女方家过礼，请人挑上酒肉等给女方，同女方商量第二天的娶亲事宜。过礼的酒肉是请女方帮忙的人吃的，女方也有“回礼”。过礼的猪叫礼猪，也有送“一方一肘”的。现在，很多人家为了省时间，征得女方同意后，过礼和娶亲同时进行。

押礼先生带着背夫挑夫去娘家寨过礼

“一方一肘”过礼物品

六、娶亲

土家人娶亲，是一件十分有排场的事情。

男方的娶亲队伍人员多、分工细，主要由下列人员组成：媒人，娶亲时叫红叶先生。押礼先生、陪红，负责礼品茶食的管理分发。路都管负责整个娶亲队伍的行程安排。押礼先生和路都管要选派能说会道、有指挥能力的亲戚、朋友担任。抬嫁妆的人员，这是最大的队伍，有的多达五六十人。根据女方通知的嫁妆的多少，男方找年轻力壮的男人，一般是两个人负责抬一宗嫁妆。嫁妆不管大小都不能由一人搬运，得两人抬着，站柜（现在是大穿衣柜）则要安排四个大力士。因为女方为了“整”抬嫁妆的人和显示陪嫁丰盛，往往在站柜里放上百斤的粮食和新娘粑粑等，如路程远，中间没有人换肩是胜任不了的。抬嫁妆要用两根茶杯口粗、三米左右长的杉木杆，两根一米左右的短杆，还有大量的麻绳，土家人叫“包杆”。长杆用来夹住嫁妆，麻绳用来固定嫁妆，短杆绑在长杆的两端作为抬杆。轿夫，是四人或八人。跟在轿夫后边的是娶亲娘子，

娶亲路上

娶亲队伍

要未结婚的姑娘，一般是六至八人，两个吹唢呐的和两个打大锣的乐师，两个红旗手或迎亲牌手。娶亲队伍在男方家大块吃肉，大碗喝酒，饱餐一顿后，便在路都管的带领下，浩浩荡荡，吹吹打打，一路欢笑，奔新娘家去。

娶亲队伍去时顺序一般为：迎新牌、彩旗、双吹双打乐队、礼品挑子、花轿、红叶先生、陪红、娶亲娘子、抬夫（抬嫁妆人）、都管、押礼先生（在最前或最后照应）。

土家族有“低头接媳妇，抬头嫁姑娘”的说法。过去娶亲队到了新娘家，是比较不受待见的，坐席要放在最后。坐席时，还要给厨师封红包，不然，会吃夹生饭和冷菜。

第二天一大早，娶亲的队伍就要早早起来，仔细收拾嫁妆，先把蚊帐、火盆、椅子、箱子等从堂屋搬出，摆放在场坝上绑好，准备在吉时发亲。这是特别精细的活，包杆接触嫁妆的地方，要用纸和布垫好，若擦掉了漆，是要招骂的。嫁妆摆好后，只等吉时一到，女方的都管高喊：“发亲啊！”乐手们便吹奏起娶亲曲，在路都管的指挥下，扛蚊帐的人走在最前边，然后是火盆、椅子、站柜、箱子等按顺序上路。殷实的人家嫁妆有好几十抬，走在路上，甚是壮观。嫁妆走完后，是两个扛着红旗或迎新牌的，接着是乐师，新娘大轿跟在乐师后面，新娘轿后面是送亲人，最后面是娶亲娘子压阵。娶亲队伍走在山路上，气派得很。唢呐手根据不同的路况，吹奏不同的调子。这些乐调或悠扬婉转，或高亢激昂，给娶亲的队伍平添了非常喜庆的气氛。唢呐一响，山村便会知晓哪家又在办喜事了。吹唢呐、敲大锣是土家族婚俗文化中的重要内容。在这里，介绍一下唢呐在婚事中的角色、作用。

在土家山村，吹唢呐者被人们称为“吹鼓手”或“吹手”，历来被人们重视。特别是农村红白喜事中的吹鼓手，既增添了气氛，热闹红火，又使东家（主人）感到很有排场、很吉利。那一支支流传颇广的优美曲调，替宾主和新郎新娘道出了想说的话、想表达的情。

土家族婚事中有“迎宾”“行礼”“坐席”“送宾”“迎娶”“拜堂”等程序，吹鼓手们随着程序吹奏不同的曲调，像《官牌子》《行礼调》《竹叶青》《舞狮调》《庆丰收》《迎宾曲》《祝酒歌》等，曲曲热烈欢快，将主人对宾客的真诚谢意，表达得淋漓尽致。

婚事中男方家里一般要请两个吹鼓手，称为“双吹”。也有只请一人的，这叫“单吹”。一般有钱人家都请双吹。婚事的吹鼓手在男方家承担吹奏的叫“坐吹”，吹奏时不配其他乐器，就是唢呐独奏。到女方家去娶亲时，就得请两个吹鼓手，还须配两个打锣的，由唢呐和锣配合演奏，这叫“双吹双打”。

在男方家当坐吹的，每来一个客人或一帮客人，都管一声喊：“装烟筛茶[①]！”吹鼓手就得吹上一曲《迎宾曲》或《竹叶青》，

① 装烟筛茶：给前来贺喜的客人敬烟敬茶。

娶亲队伍来到娘家寨

为主人家迎客。客人坐席时，都管喊：“帮忙的调席[①]！”吹鼓手就吹《饭调》，让客人在欢快优雅的演奏中入席。所有客人坐席结束时，都管喊：“席上拿茶[②]！”吹鼓手就吹上一曲《茶调》。快要天亮时，就吹《东方亮》，客人和帮忙的人在唢呐声中起床。

迎娶是婚礼的序幕。当娶亲队伍准备起程时，吹鼓手在新郎家堂屋中吹一曲《敬神调》；准备上路时吹一曲《探梅》；在行路途中，吹一曲《打乐牌》《旱路》；当娶亲队伍经过街道和集镇时，吹一曲《转游街》，引得路人和赶集的人看热闹；当娶亲队伍在途中翻山越岭时，吹鼓手吹一曲《过山调》，以高亢嘹亮的乐音为娶亲队伍消除疲劳；当娶亲队伍来到新娘家大门口时，吹鼓手一曲《大开门》《女看娘》，动情地表达了女儿对父母难舍难分之情；新娘离开娘家准备上路时，吹鼓手吹一曲《娘哭女》《下河调》；

① 调席：客人入席前，把餐桌整理好。

② 拿茶：开席前，给入席的客人倒上茶。

抬花轿

在新娘与送亲队伍分别时，吹鼓手奏上一曲《送别》；当新娘上路时，吹鼓手奏起欢快明了的《大花轿》；在新娘快到新郎家的路途中，这是吹鼓手施展才华的时候，吹鼓手们尽情发挥，所奏曲调一会儿诙谐幽默，一会儿情意缠绵，一会儿又明快流畅，支支曲曲，优美动人，赢得接亲、送亲队伍和围观的成年人、赶热闹的小娃们的阵阵掌声。“吹鼓手、吹鼓手，上坡下岭吹起走，遇到亲家不说话，嘴里含个大喇叭。”这是老百姓对吹鼓手只顾吹唢呐不跟人打招呼的调侃。

最热闹、最起高潮的是新郎新娘拜堂时，吹一曲《双合莲》《交杯酒》，并且一个吹高音，一个吹低音，土家人称之为“公母音”。这时的演奏可以说扣人心弦，吹得出神入化。新娘入洞房时，吹一曲《进郎房》《闯帐》，意在祛邪免灾，保佑新婚夫妇长命百岁、儿女双全。摆嫁妆时，要奏一曲当地有名的《十八姐担水》或《大桃红》《小桃红》，表达对新娘家的谢忱。铺床时，一曲《绣荷包》《割韭菜》，奏出了有情人终成眷属的欢愉之情。

有娶亲路程远的，抬嫁妆的人有时还故意歇着不走，逗新娘，喊饿了抬不动，要新娘给粑粑吃了再走。送亲娘子没办法，便微笑着打开箱子，拿出米粑粑给抬轿子的人。其实，有的人并没有吃，而是把粘了红的粑粑带回给孩子们，沾个喜气。快到新郎家时，抬嫁妆的人先行到新郎家，把铺盖、蚊帐等嫁妆在新房一一布置好，新娘等人则要在路上歇息或慢走，等嫁妆全部布置摆放好了才能进屋。因新郎新娘一拜完天地后要进新房抢坐床、喝交杯酒、交杯茶后才算仪式结束，所以新房要先布置到位。新娘进屋也是有讲究的。新娘下轿后，要在交亲婆的引导下到堂屋和新郎向祖先敬礼。敬礼还讲究抢先，先敬礼的今后就会当家。所以，新娘一进堂屋，就抢先敬礼，唯恐落后。敬礼后入洞房，又讲究抢坐床，说抢先坐在床正中的人以后会当家。一对新人进新房，也是开玩笑似的抢坐正中，十分有趣。

新娘与新郎抢床

送亲客要给所有帮忙娶亲的人发新娘粑粑，以表示感谢。现在，农村生活富裕，不少人家还给帮忙娶亲的人封一个红包。

七、拦门礼

拦门礼也叫“喝拦门酒”“拦铁门槛”，在男方娶亲队伍到女方家时进行。男方娶亲队伍行至女方家，女方在大门口摆上一张桌子拦着，上面放着酒壶、酒杯、酒碗，酒是烈性的苞谷酒，碗和杯则是大碗大杯，一看就吓人。由男方女方都管（也可请专门的礼生）盘歌、对对联、赋诗等，内容主要有婚姻礼节、天文地理、土家族历史故事等。男方都管（礼生）若答不出或答不对，就要从桌子底下钻过去，才准进堂屋。女方若讲不赢，则不能要求什么，理所当然地让娶亲队伍进门。拦门礼的产生，大概是由于土家人对改土归流前自由婚姻的怀恋。改土归流前，土家人婚姻自由，以歌为媒，在对歌中产生爱情，结伴终身。改土归流后，土家人婚姻为父母之命、媒妁之言，不般配的婚姻很多，不少婚姻双方在婚前见面很少，甚至没见过面，故而产生拦门的行为，做一点最后的挣扎。

另外，土家族有“抬头嫁姑娘，低头接媳妇”之说，拦门礼，能显出女方的气势来。有的认为是抢亲习俗的遗风。同时，拦门酒为婚事增添喜庆气氛。举行拦门酒时，众人齐观、喝彩，好不热闹。男方娶亲，都管最怕的就是拦门礼，答不上来，要钻桌子，让人笑话。娶亲的队伍，也得不到好的招待，跟着“受气”，吃不到好的宴席。故男方在找都管或礼生时，要找有口才、风趣幽默、随机应变能力强的人。

下面是2017年9月20日，野三峡景区和恩施“女儿城”举行土家族民俗集体婚礼时，野三峡游客中心举行的盛大拦门礼仪式。

“女儿城”近200人的娶亲队伍抵达小西湖游客中心的门楼，娘家（野三峡游客中心）在门楼前排起四张八仙桌，都管守在桌边。另外，两个姑娘用条盘端着大碗酒，唢呐手奏起《娘哭女》等曲调。男方都管来到门楼前，女方都管脚蹬高板凳，两人对歌：

女方都管：请打住，打住！
远看人多马闹，近看像个草包。
大胆来到堂前，到底有何贵干？
男方都管：失敬，失敬，一言相禀。
远望华堂紫气腾，近仰高朋贵客盈。
不才奉命来娶亲，恭迎黄府贵千金。
女方都管：哼！黄金有价玉无价，仙女不愁登龙庭。
你既帮忙来娶亲，可知办事有礼行？
男方都管：老朽才疏学又浅，读书是个“屁不淡”。
求字金帖表敬意，还望您家要海涵。
女方都管：海涵天涵看表现，有能自过铁门槛。
此礼何时何人兴？答不到把桌子钻。
男方都管：土家古风传千年，娶亲定拦铁门槛。
抬头嫁女千金贵，低头娶媳男恭谦。

男女双方都管对歌

此礼自打周朝兴，发起就是周公旦。

女方都管：好！既来娶亲，

你淌过了多少水？你走过了多少弯？

男方都管：淌过了九十九道水，走过了九十九道弯。

女方都管：在路上遇见何物？

男方都管：遇见了河公河母，树公树母。

女方都管：哈，哈！我只听说过牛有公母，猪有公母，还有鸡公鸡母，哪有河公河母、树公树母？哼！分明是胡说八道，钻！（女方亲戚大声助威，钻！）

男方都管：慢点，慢点！世上万物，宇分日月，物分阴阳，这河水树木当然分公母。

女方都管：哼！猪脑壳煮炬（pā）哒牙巴骨硬，推屎爬顶大缸古到撑。我看你是九佬十八匠加一匠，咬卵匠。好，你就说水和树是哪门分公母的？

男方都管：一言相禀，这水嘛，大海为公，河水为母，这树嘛，松树为公，梅树自然就为母吵，是不是有道理？（娶亲队伍高声应和：有道理哟！）

女方都管：这海水河水本无性命，松树梅树各是一类，哪里来的公母，你分明是牛胯的扯到马胯的，钻桌子，不钻就喝酒。

男方都管：请饶我钻桌子哟，我喝酒。

女方都管：就饶你不钻桌子，喝酒。

男方都管：请你高抬贵手，喝酒。（递上海碗酒）

女方都管：俗话说“好事成双，大吉大昌”，喝酒，再哪门要喝个四季发财！

男方都管：（连喝四碗，看还要再喝，已是招架不住，靠近女方都管。）

总管先生，你我都是受人之托，伙计伙佬，山不转路转，就高抬个贵手啊，要不然呢……

女方都管：要不然哪门搞？

（男方一人将事先准备的一个猪脑壳抱着冲到门前，高喊：“要不然我就要抱着猪脑壳撞大门啦！”遂抱着猪脑壳冲进大门。土家人有俗话：男方若讲不赢，顶着猪脑

喝拦门酒

壳进门也行，表示自己像猪一样笨来贬损自己，以使得女方大笑方可。）

女方都管：好！懂礼行！请娶亲的到堂屋坐，装烟筛茶啊！

从这个拦门酒仪式看，两方都管对答幽默风趣，胡吹海扯，引人发笑，给婚礼增添了喜庆热闹的气氛。

八、婚宴十大碗

拦门酒仪式结束后，女方就要开始宴请宾客。土家族婚宴主要是十大碗、十二大碗、十六大碗宴席，根据家庭经济情况而定，不得少于十大碗。

女方婚宴首先必须请女方的家家（gā gā，外祖父）、舅舅坐席，而且家家辈和舅舅辈不能同桌坐席。礼上帮忙的得让女方客人坐完后最后坐席，所以就有“抬头嫁姑娘，低头娶媳妇”之说。这个习俗现在已有很大改变。现在，很多女方认为，娶亲队伍辛苦，又都是稀客，首先让来娶亲的人先坐席，以示对男方的尊重。

土家十大碗的主菜蒸扣肉、豆芽、白豆腐汤、炸果子汤、魔芋豆腐等菜在办喜事当天是无法准备好的，必须在几天前就开始制做。因为这些菜做法很有讲究，也很花费时间，还得专门的焗匠[①]来做。

豆芽菜，要用上好的黄豆泡胀洗净，放在木甑中或竹筐中，让黄豆发芽，视生长的速度加温减温、浇洒清水，让它在做菜时芽茎正好在一寸多长。

魔芋豆腐，可以说是土家人最有特色的菜。要先将魔芋洗净刮皮，然后用粗糙而有锋棱的石板或用硬铁皮钻上小眼垫在木板上，将魔芋磨成浆，边磨边加碱水。在以前没有烧碱的时候，是用灶洞里的热草木灰加上水搅拌澄清后的灰水或用石灰泡成的碱水。磨好后，把浆放入锅中，在木柴火灶上炒。炒熟后在锅中把浆压平整结

①焗匠：土家人管厨师叫焗匠。

实，再让浆稍凉，使其凝固后用薄刀划成方块，一般划成八块，最后加适量碱水煮。煮时要把握好火候，时间煮短了，吃起来麻口锥喉，煮长了又失去脆嫩的口感。

炸果子，土家人叫打磨膏，特别有讲究。石膏不用煅烧，把生石膏在磨石上磨成浆，用生石膏点卤成的豆腐，结构比熟石膏做的豆腐松散，炸出的果子角圆、饱满、酥松。

打磨膏，先将黄豆用大石磨磨碎，去掉豆皮，用清水泡胀。再用绿豆石小磨磨成浆，用柴火慢慢烧开，过滤后再装入木盆，稍凉后，把石膏倒入黄豆浆内拌匀，盖上盖，待成豆腐后，舀入铺有纱布的竹筛中包好，压去水分。

炸果子是焗匠显厨艺的地方。焗匠先把菜油放入锅内烧热，要先放两枚豆腐块，看两块豆腐块能否挨到一起，若豆腐块不爆开，就预示着美满。若两块豆腐在油锅中挨不到一起，或爆开了，则不是好兆头。其实，焗匠主要是凭长期的经验掌控油温，油温不高，果子炸不饱满；油温过高，则可能炸破炸糊。所以，炸果子的焗匠，操作时特别专注。主人家对焗匠也格外殷勤，生怕有个闪失。

土家族十大碗宴席

十大碗中的扣肉也是精心制作的，一碗瘦肉扣，一碗肥肉扣。肥肉扣有梳子背和螺蛳转顶，扣底要用土家人特有的酸酢辣椒、炒豆渣、薏仁米、小谷米、糯米做底子。瘦肉扣是用精瘦肉切成片，在土碗中摆好，上面放上底子，蒸好后翻扣在青花碗中，味道鲜美。梳子背是把肥肉切成长片，比碗口稍短，码放入碗中，上面装上酢广椒，蒸好后翻扣入青花碗中，犹如木梳背。特别是螺蛳转顶，要把肥肉切成比梳子背扣肉片长的肉片，顺扣碗呈圆形码放，上面放扣底，蒸好后翻过来，像螺蛳壳顶，其形圆润，简直就是一件艺术品。同时酢广椒的酸辣香味沁入肉片中，肥而不腻。摆在席上，令人叫绝，胃口大开。

十大碗的主菜白豆腐、炸果子、扣肉、豆芽菜、魔芋豆腐准备好了，其他配菜就可根据时令蔬菜搭配，如南瓜皮子、洋芋粉、干洋芋炖腊蹄子，芋荷梗、豆豉炒腊猪头肉、酸辣洋芋丝等土特产。

在十大碗中，有一碗菜是每排席现做的菜，叫压桌菜，这是极显焗匠火候拿捏的菜。压桌菜是把白萝卜丝、白菜丝、煎豆腐丝、瘦肉丝等加在一起爆炒而成的，其味清香脆嫩，色、香、味俱全。评价一个焗匠的手艺，往往从一碗压桌菜开始。

压桌菜是要最先上桌的。摆宴席时，都管首先大喊一声："传热壶啊！""噢！"管酒的人就用托盘托上装一斤酒的铜壶，放在桌子的左角上，因靠左打横的人是陪客，放在此处，正好拿它斟酒。上席前铜壶是煨在小火旁边的，因有冷酒伤肝之说，需把酒温热而饮，故叫热壶。传上热壶，都管大喊一声："出压桌啊！"打盘上菜的人齐声吆喝："噢！"一碗压桌菜便摆放在上席中间了。

十大碗菜的材料精细，做法也颇特别。

焗匠在厨屋砌一个能摆上十个吊锅或鳌缸的台子，做成一个火槽，里面放一些柴灰，然后烧上木炭火，把菜切好或烹制好后放入锅中。每个菜一个吊锅或鳌缸，这些菜煨在炭火中，焗匠根据火候的需要，将锅子挪前挪后，保证每道菜达到最佳口味。同时，出菜时，能在短时间内将十大碗出齐。

土家十大碗上菜摆放也是有讲究的。先出炒菜、扣肉，后出汤菜。白豆腐汤和果子汤要摆在上席，扣肉要放在中间一排的两边，豆芽、魔芋豆腐放在下席。上席放三碗，中间放四碗，下席放三碗。

土家十大碗，是土家人招待客人的最高礼遇，现在不仅是红白喜事时土家人要整十大碗，而且在景区、在民族文化农家乐，八方游客被土家人视为稀客，都能享受到十大碗的美味。

婚宴安排在堂屋里，贵客多则可以上面摆两席下方摆一席，长辈少也可上面摆一席下方摆两席。方桌摆法也是有规矩的，支桌子时，桌子的对缝与香案平行，若有差错，让家母舅人家瞧见了，将会被视为不敬，轻则闹个笑话，重则扭头就走，从此不相往来。请贵宾就坐，一般红事中以家母舅为大，家母舅不到场席是不能开的，坐席时，爷爷和孙子可以分坐上下席，也可坐在一条板凳上，但是父子不对坐、父子不同凳。

上菜时，只等支客师喊一声“出压桌”，帮忙的人和一声“噢”，调席打盘的人便手托条盘将菜陆陆续续地呈上来了。一席有十个菜、十二个菜、十六个菜不等，成双不成单，根据家庭情况决定上菜碗数的多少。最后一个菜必是肉丸子，意即花果团圆、圆圆满满，坐席的人一看丸子来了也就知道菜已经上完了。

吃完饭之后，要起立，将筷子放在手上行礼，若同席有老人，则右手执筷置于左手手心以下；若同席无老人，则右手执筷置于左手食指以上，先向上席客然后向全席的人说：“请慢用！”别的客人从你的手势中不仅知道你懂礼节，也明白了你的父母双亲等是否健在。行完礼后不要急于离开，坐在原位等待其他客人均吃完之后才能起身离席。

都管见桌上的人都吃完了，就会高声说：“席上拿茶！”管茶水的人会递上茶水。客人饮用后，都管再喊：“请帮忙的撤空！”帮忙的人便迅速撤去碗筷，一排席才算结束。

九、设敬祖席

按土家婚俗，婚宴要设敬祖席敬祖。土家人最重要的民间信仰是祖先崇拜。每逢大喜之日和重要的节日，在开席前（有的地方放在毕席后）都要设敬祖席，敬请祖先用膳，燃化纸钱。实则是以这种仪典以表达怀念、感恩、敬仰之情，教育人们要永远不忘根本、饮水思源、不忘祖训。

设敬祖席是在堂屋中间摆一方桌，上面摆放十个菜，摆成三角形，或按从上到下摆三、四、三碗，摆成上下对称的形状。方桌四周分别放两个碗（里面盛少量饭），碗上面放置筷子，筷头向着菜的方向，然后在方桌之下或室外烧包袱或纸钱，同时放鞭炮，都管或礼生念敬祖颂辞。敬祖颂辞说完，都管或礼生便在方桌四方点酒（请祖先喝酒），然后转碗落筷（意即祖先吃完），之后八方点茶（请祖先喝茶），接着收菜收碗。这个时候才可以请亲朋好友开席吃饭。

女方敬祖席的摆放形式：

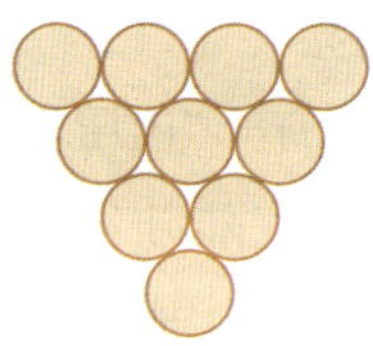

男方敬祖席的摆放形式：

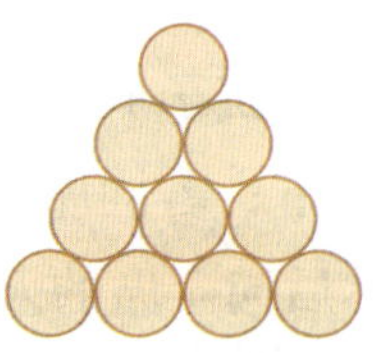

敬祖席

有的地方也摆成：

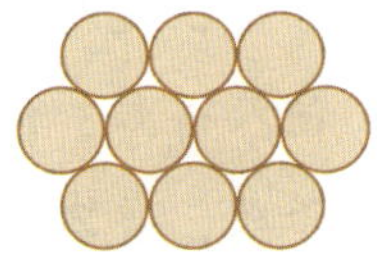

碗筷的摆放有两种：一是在上席上摆三个碗，碗上放筷子，摆三个酒杯；二是四方各摆碗筷酒杯。

设敬祖席仪典由都管或专门的礼生负责主持。其仪程为都管安席，念诵敬祖辞，如：

> 天地君亲，列祖列宗，来者奉请。今有大喜，不忘根本，俭设宴席，招待祖人。前人传教，后人继承。心存敬仰，常怀感恩。列祖列宗，保佑某某，根根竹子发笋，条条路上有人。婚姻美满，前程似锦。具备钱财，当面说清，如有不清，业主作证！

念完后，举行烧化纸钱、传热壶、出压桌、传菜、敬酒、传饭、献茶、撤席等仪式。有的是先把宴席摆放好后，由都管念敬祖辞，然后进行敬酒茶等仪式。举办大型集体婚礼时，新娘站在宴席下方，举行鞠躬仪式。

十、交接彩礼、茶食

女方宴席毕席后，要举行交接彩礼、茶食（女方父母的礼物、新娘的礼物，主要亲族的茶食、压轿粑、穿厨红包等）仪式，交接礼物由女方都管和男方押礼先生主持。

在堂屋上方摆上镶桌（由两张八仙桌拼成），铺上红布，香台上点上一对红蜡烛，请女方父母及主要亲族站在堂屋两边。押礼先生把抬盒或礼品担子一字排开，摆放好后高诵开盒辞。不同地方有不同的开盒辞，如建始县龙坪乡刘友才先生念的开盒辞：

天地开张，日吉时良。一步走进华堂，亲族坐两旁，钥匙响叮当。说开盒就开盒，说起盒来有根源。生在昆仑山上，长在八卦岩前，何人得知？何人得见？张郎得知，鲁班得见，张郎前边抡斧砍，鲁班后面把尺量。大尺量，三丈三；小尺量，九丈九。取一节雕了金字牌匾，取二节打起万年的盒箱。盒箱盒箱龙凤呈祥！开一个天长地久，开二个地久天长，开三个荣华富贵，麻酥饼子摆成对，开四个金玉满堂，绫罗缎匹（的丝的纶）摆成行。一二三四一起开，百样礼物摆出来，开盒已毕，大吉大利！

为了称赞礼物的丰富，押礼先生还会边摆礼物边念祝辞：

贵客上金阶，男方送礼来。一送金表夺目，二送玉镯生辉，三送胭脂水粉，四送金银耳环，五送象牙筷子，六送报母衣裳，七送手巾鞋袜，八送五彩披肩，九送金猪吉祥，十送茶食圆满。

花坪、官店一带的开盒辞：

东边一朵祥云起，西边两朵紫云开。祥云起，紫云开，新郎请我把盒开。一开天长地久，二开地久天长，三开荣华富贵，四开金银满堂！

高坪土地岭村田从英念的开盒辞：

东边山上一只鹅，红叶先生请我来开盒。一开天长地久，打开盒箱样样有；二开地久天长，打开花红的新衣裳；三开荣华富贵，鞭炮蜡烛一对；四开金银满堂，摆在新科镶桌上。各位亲朋都来看，开盒已毕，大吉大利！

开盒祝辞念完后，礼生将礼品一件件拿出来，摆上桌面，让亲族一一过目。彩礼和茶食主要有新娘所穿的衣服和主要亲族的茶食。姑娘出嫁时所有衣服鞋袜、首饰，都是男方准备的；父母随嫁衣。主要亲族的茶食，过去是猪蹄、面条等，上面还要包上红纸条；现在，主要亲族的茶食、随娘衣等也有用红包代替的。

十一、闹“压轿粑”

这是土家婚俗中的喜庆娱乐仪式。押礼先生在交东西的过程中，把“压轿粑”藏着不交。女方的姊妹、表亲、朋友等一起上阵，给押礼先生灌酒、抹锅灰，抬起“打油”“罚站”高板凳等，一直要闹得押礼先生招架不住，拿出“压轿粑”为止。如女方势单力薄，“闹”不出压轿粑，押礼先生就在接亲回来的路上把“压轿粑”分给抬轿人和抬嫁妆的人享用，还要以此炫耀自己的“功

闹“压轿粑”，押礼先生被娘家人抬起“打油”

闹“压轿粑”，押礼先生被娘家人抹锅灰

夫”。若交出了“压轿粑”，则在陪十姊妹席上享用。故双方都志在必得，都要尽显嘴上功夫和手上功夫。

十二、安席、陪十姊妹

闹压轿粑仪式结束后，就要举行土家族最具特色和最有文化内涵的仪式——陪十姊妹、坐十弟兄。在堂屋正中拼上两张大方桌（土家族称为打镶桌），上面铺上崭新的红布或床单，然后摆上装满糕、糖、饼、核桃、板栗等特产的大盘子，一般是十二盘或十六盘。桌上还要放一个用红纸剪的双喜花，将它贴在筷子上插在一个小杯中作为令花，也可用红纸围包一个小杯作为令杯。令花或令杯上放个红包，红包是送给唱开台歌和开歌令的人的。陪十姊妹时，新娘在两位陪姑娘的相伴下坐在上席的正中间，四周围坐未出嫁且会唱歌的姑娘。一般带新娘共坐十人或十二人、十六人，成双入座，来贺喜的客人则围站在四周。

在陪十姊妹前先要安席，这是陪十姊妹前的主要仪式，表示对出嫁新娘的尊重。它的主要内容是用唢呐吹奏《安席曲》和礼生打“四十八个躬”，营造出一种庄重、热烈、喜庆、祥和，极富土家族艺术感染力的氛围。

安席时，都管先生或礼生要在堂屋香案下的镶桌上点起红蜡烛，放上两个安席红包。在十姊妹席桌上放一对新手帕、一对小茶壶，镶桌四周摆上高板凳，安排好乐师和两名礼生。

都管先生一声“开始安席”，唢呐奏起《娘哭女》和《落地金钱》。现在，农村也有很多乐队用二胡、笛子、扬琴演奏《娘哭女》和《落地金钱》。

在妙曼的乐曲声中，两位女礼生从镶桌两边，踏着乐曲的节拍，迈着轻盈的步子，款款走向镶桌中间，开始安席。

首先是抹桌仪式。两位礼生从两边走向镶桌中间，各自拿起一方手帕，相对鞠躬。鞠躬时，右手轻握着手帕，左手轻扣右手指尖，放在胸前，两膝稍向内曲，并微笑对视，鞠躬互敬（坐十弟兄

陪十姊妹安席

时，男礼生右手半握拳，左手盖住右手半握拳，放在胸前鞠躬）。然后，两人相对随着音乐节拍沿镶桌前行鞠躬，上方下方各鞠四个躬，两旁各鞠两个躬，鞠满十二个躬刚好在上席中间相对。两人交换小手帕，放于桌上。这十二个躬，表示已为新娘和陪十姊妹的姑娘把桌子收拾洁净。

安席曲（1）

（新娘入座音乐 弦乐演奏）

1=G 4/4
♩=63

谭德富 录音
荣先祥 记谱

6 7 6 5 6 7 6 5 | 6 6 1 5 1 6 5 | 3·5 2 3 5 6 5 |

6 6 1 5 1 6 5 | 3·5 2 3 5·6 5 3 | 2 2 5 2 5 |

3 2 1 6 5 6 1 5 | 6 6 5 3 5 2 | 2 2 2 3 1 |

1 2 3·2 3 5 2 3 2 | 2 5 2 3 2 2 3 1 | 1·2 3·2 3 5 2 1 2 |

3 2 3 2 3 2 1 6 | 2 3 2 1 2 1 6 5 6 | 5 - - - ‖

安席曲（2）

（新娘入座音乐 弦乐演奏）

1=G $\frac{4}{4}$

♩=63

谭德富 录音

荣先祥 记谱

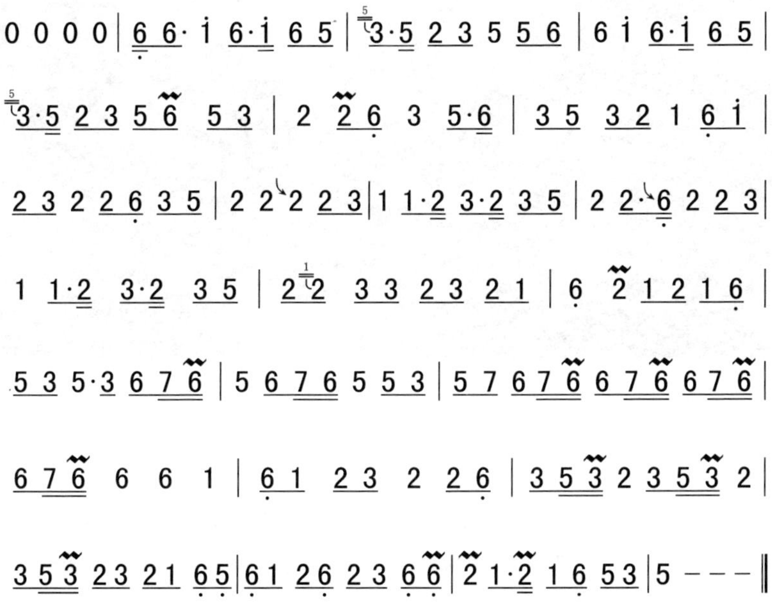

0 0 0 0 | 6 6· i 6·i 6 5 | 3·5 2 3 5 5 6 | 6 i 6·i 6 5 |

3·5 2 3 5 6 5 3 | 2 2 6 3 5·6 | 3 5 3 2 1 6 i |

2 3 2 2 6 3 5 | 2 2 2 2 3 | 1 1·2 3·2 3 5 | 2 2·6 2 2 3 |

1 1·2 3·2 3 5 | 2 2 3 3 2 3 2 1 | 6 2 1 2 1 6 |

5 3 5·3 6 7 6 | 5 6 7 6 5 5 3 | 5 7 6 7 6 6 7 6 6 7 6 |

6 7 6 6 6 1 | 6 1 2 3 2 2 6 | 3 5 3 2 3 5 3 2 |

3 5 3 2 3 2 1 6 5 | 6 1 2 6 2 3 6 6 | 2 1·2 1 6 5 3 | 5 - - - ‖

接着，礼生用同样的方式，沿着镶桌鞠躬，鞠完十二个躬后，各自拿起上席的板凳，互相交换后摆放好，表示已为陪十姊妹摆好了板凳。

然后，礼生拿起桌上的小茶壶，右手握柄手，左手轻托茶壶，各鞠十二个躬，回到上席，交换茶壶，放于桌上，表示为唱歌的姑娘备好了滋润歌喉的茶水。

最后，礼生再沿镶桌，鞠十二个躬。最后一个要面向神位，向祖先鞠躬，同时，表示席已安好，可以请新娘上席。行礼后，礼生拿取香案下镶桌上的红包。整个过程，曲调优雅，礼生步调与曲调节拍相和，步伐一致，很有观赏性。安席仪式结束后，就可以摆令花、果盘，请新娘、陪姑娘入席唱开台歌、念诵开令辞、唱十姊妹

陪十姊妹礼生安席

歌了。

“四十八个躬”的安席仪式，庄重而典雅，于动作仪式中，表达了土家人要以隆重的仪式来陪十姊妹的心情。镶桌要抹得干干净净，板凳要摆放得整整齐齐，要为新娘、陪十姊妹的姑娘们捧出最香甜的茶水，告慰先灵席已安好。同时，土家人用十二个躬祝福姑娘出嫁后年年平安、月月平安，用“四十八”谐“四季发”，表达了对新人的美好祝愿。特别是整个仪式在悠扬婉转、妙曼无比的安席曲中进行，更有艺术感染力和审美情趣，达到人美、歌美、形式美的完整和谐统一，让人产生美好的遐想，充满对美好婚姻生活的向往。

陪十姊妹的安席仪式气氛热烈，仪式感强，具有强烈的美感和观赏性，是土家族婚俗仪典文化的精髓。特别是美妙动听的安席曲给安席增添了和谐、喜庆的气氛，使人的精神和心灵得到美的享受，具有很高的艺术审美价值。

第一曲是典型的民间小调式乐曲，旋律悠扬婉转，节奏舒缓，从整体上营造出温馨、舒适、和谐的现场氛围。乐曲的音差起伏不大，基本上围绕音符“2”延伸，上下不超过四个音符。平缓的旋律，有利于演奏者在一个相对平缓音乐区间自由发挥，保持乐曲的顺畅平和，加上缓和的节奏与圆润的声音，一个喜庆、融洽的场面即时呈现在客人面前，如拉家常、诉心声，很快使人放松身心，融入环境。

第二曲一改前一曲的平顺缓和，变得高亢激越、起伏跌宕，倚音、颤音、下滑音等装饰音符大量出现，使乐曲变得机巧灵动、诙谐有趣。音乐一开始，从低音“6̣”到高音“1̇”，两个八度音区的跨度，拉开一幅宽广、明媚的音乐画面，引领现场进入快乐、喜庆的情感空间。音乐进入中段，开始回到第一首乐曲的倾诉、舒缓的节奏，温馨感人。乐曲后半段，进入高音区的盘桓反复，如唢呐名曲《百鸟朝凤》的某些乐句一样，极富动感，有着浓烈的喜剧色彩，引领现场进入情绪的高潮。然后，再次回到温馨、平和的音乐画面，低回婉转，进一步增强诉说感。结尾音符落在中音“5”上，引人遐想，韵味无穷。

全曲节奏明快，摇曳多姿，有力地烘托了现场欢乐、吉祥的喜庆气氛。

土家人看重安席仪式，还把都管先生懂不懂安席、懂不懂“四十八躬”作为评价都管水平的一个标准。

安席仪式结束，礼生端上果盘，新娘在九位伴娘的陪伴下款款入席，新娘坐在上席最中。姑娘们先推选一位唱开台歌。选中的姑娘把令杯或令花放到自己的面前，然后唱《十姊妹开台歌》。如：

石榴开花叶叶翠，当堂坐的十姊妹，十姊十妹当堂坐，听我唱个开台歌。要我唱来我就唱，莫说人小不出趟，得罪老的犹似可，得罪小的陪小情。一杯酒请，九杯令请，再请隔壁的老先生，请、请、请！

唱完后，双手拿起面前的令杯或令花高声念开令辞：

开令，开令，打开紫金城，孔子由其势，开令由我行。令杯桌上走，十八学士开金口，若是哪个不开口，令上罚他三杯酒。

念完后，再把令花或令杯放在自己选中的人面前，然后逐一传递，歌声不断，一直唱到天明。

开台后，还可用原调演唱下面选段作为开台歌：

蜜蜂开花蜜蜂糖，家家养女教姑娘。
儿上轿来娘心酸，轻言细语教姑娘。

陪十姊妹席上都管诵开令辞

你在婆家早早起，不比娘家做女的。
头上梳得灵灵行，脚上穿得周周正。
轻轻巧，巧轻轻，轻轻巧巧出房门。
淘米莫弄手来打，炒菜莫弄口来尝。
炒菜莫弄口来尝，着油着盐有分量。
瓷盘碗碗抹两个，乌木筷子取两双。
口叫爹娘来吃饭，爹娘抬头看一看。
我家媳妇好在贤，孝顺公婆和爹娘。

开台歌唱完后，开令的姑娘把令杯传到下一位姑娘演唱，歌曲内容主要为《哭嫁歌》《劝导歌》《爱情歌》。陪十姊妹结束时，再由开令人唱《圆台歌》：

一对凤凰飞出林，一对喜鹊随后跟。
凤凰喊叫花结果，喜鹊喊叫果团圆。
花结果、果团圆，花果团圆万万年。
恭喜恭喜恭喜你，夫妻恩爱到百年。

唱完后，新娘由伴娘陪伴回到闺房中，等待吉时上轿。

在陪十姊妹中，最难忘的是令人柔肠寸断的哭嫁歌，唱得新娘泪流满面、泣不成声，唱得陪坐的、围观的客人为之动容。

陪十姊妹中必唱的哭嫁歌曲主要有《哭五更》《十哭》《女儿十八春》等。

哭 五 更

栀子开花叶叶青，听我唱个哭五更。
一更里来好寒心，劳慰爹妈费心情。
小来忧愁长不大，长大忧愁放人家。

二更里来好寒心，劳慰哥哥费心情。
小来忧愁钱和米，长大忧愁酒和席。
三更里来好寒心，劳慰嫂嫂费心情。
锅头灶脑要嫂教，长大和嫂两离分。
四更里来好寒心，劳慰姐姐费心情。
针织麻钱要姐教，长大又是两姓人。
五更里来好寒心，婆家大轿来娶亲。
红布衣裳穿身上，红布鞋子扯满跟。
双手抓住娘衣襟，问娘伤心不伤心。
娘说怎么不伤心，五行八字命生成。
上前三步辞香火，退后三步辞母亲。

歌词写姑娘出嫁之前感谢父母、哥嫂、姐妹的依依难舍的心情。父母好不容易把女儿拉扯成人，女儿成年之后要离开父母身边。哥哥支撑家业、置办酒席，嫂嫂教会自己厨艺，姐姐教会自己

来自甘肃天水的新娘被十姊妹歌深深感动

针线活，如今，自己要穿上红红的嫁衣，即将上轿离娘家而去，忍不住紧紧抓住娘的衣襟。歌曲每段以“好寒心”开头，反复吟唱，令人伤感无限，很好地诠释了姑娘对父母、哥嫂、姐妹的深深感恩之情。曲调哀怨舒缓婉转，似唱似哭，催人泪下。《哭五更》的曲调：

闹五更（五更里）（1）

阮竹萍 演唱
荣先祥 记谱
杨 会 记词

1=F $\frac{2}{4}$
♩=50

5 5 6 1 1 6 | 5 – | 5 2 5 5 3 | 2·3 1 2 6 1 | 2 – |
栀子 开 花 哟 叶叶 青啰 哟 哎，

2 2 2 3 1 2 1 6 | 5·6 1 2 1 6 1 | 6·1 2 1 6 5 6 | 5 – ‖
听我一个唱 个 哎嗨哟 哦 闹 五 更 哟。

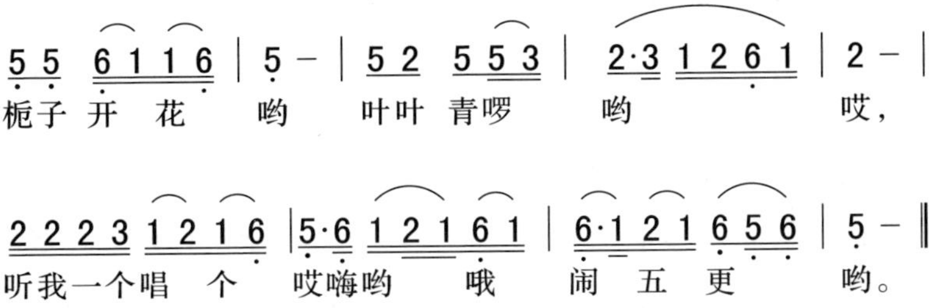

闹五更（五更里）（2）

崔显桃 演唱
荣先祥 记谱
杨 会 记词

1=F $\frac{2}{4}$
♩=50

1 1 3 2 | 2 2 1 6 | 2 1·6 | 5 6 1 3 5 |
栀子 的 开哟 花 依 哟 叶 呀 叶青

6 1 5 6 1 2 6 | 5 – | 1 1 3 2 | 2 2 1 6 |
青 呢 依 哟， 听我 的 唱呀 个

2 1·6 | 5 6 1 3 5 | 6 1 5 6 1 2 6 | 5 – ‖
依 哟 闹 呀 闹五 更 呢 依 哟。

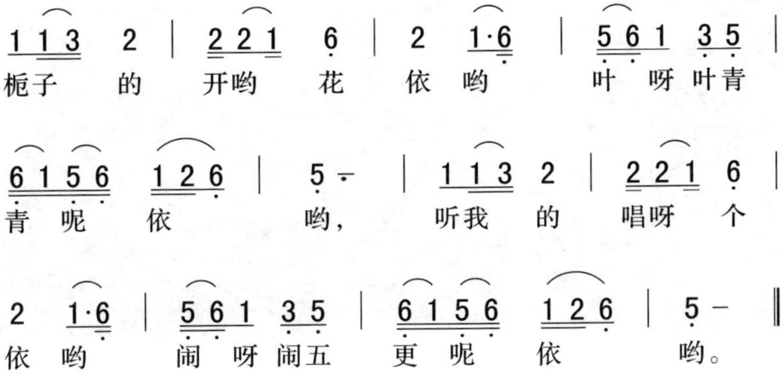

十　哭

一哭我的妈，不该养奴家，养了奴家要陪嫁。
二哭我的爹，女儿也不差，大务小事都做得。
三哭我的叔，坐在大堂屋，大务小事靠叔叔。
四哭小兄弟，送到学堂去，衣帽鞋袜没做起。
五哭我的哥，姊妹也不多，过年过节来接我。
六哭我的嫂，待我待得好，泡茶煮饭我学到。
七哭我的妹，比我小两岁，针线活路没教会。
八哭我的妈，今晚在娘家，明晚就是在婆家。
九哭金鸡叫，奴家忙起早，吹吹打打上花轿。
十哭我的妈，多谢多谢哒，多谢爹妈我走哒。

歌曲开门见山，表达对爹妈的深深感恩之情，对弟妹的浓浓欠情之意，对哥嫂的依依难舍之思，以及对叔叔的谆谆嘱托之词。姑娘哭着感谢父母的陪嫁，嫂嫂的家务教诲，求叔叔帮忙做好大务小事，因自己没有为弟弟准备好上学的书包、没有给妹妹教会针线活而抱歉，望娘家在春节期间接姑娘回娘家团聚。听来令人柔肠寸断，特别是最后，姑娘上轿远行时，一声“多谢爹妈我走哒”，难舍难分的场景令人为之动容。

石门河景区土家族民俗集体婚礼陪十姊妹

曲调起句一声呼喊，临别依恋情感凸显；后句紧随反复前句，谢忱浓烈。身受众临其境，每每泪水涟涟。

十　哭

1=G $\frac{2}{4}$
♩=55

向成珍 演 唱
荣先祥 记词谱

666 161 | 23 2 3 | 13 216 |
一哭嘛 我的 妈 呀，你 不该 养奴

621 6 | 2261 2321 | 616 5∨45 |
家 呀，养了那个 奴 家 要陪 嫁我的

616 5 | 612 215 | 61 6· ‖
妈 呀，不 该 养 奴 家 呀。

女儿十八春

一年一头春，年年有新闻，不警不觉长成人。
成人又长大，今天要出嫁，爹娘嘱咐几多话。
一劝孝公婆，二劝敬丈夫，三劝妯娌要和睦。
四劝要灵性，做事要灵敏，迟睡早起莫贪眠。
五劝起得早，堂前要打扫，忙到厨房把茶烧。
六劝要整洁，茶饭弄好些，夹生饭吃哒肚子泻。
七劝要礼貌，打扮要趁早，莫等堂前客人到。
八劝学裁剪，忙工针和线，女儿学到多方便。
九劝买田庄，夫妻要商量，少惹丈夫气昂昂。
十劝已完成，铜锣响三声，婆家大轿来娶亲。
堂屋把香焚，幺姑娘把神敬，哥哥背妹出家门。
幺姑娘站斗口，筷儿往后丢，口叫爹妈代代有。
幺姑娘上了轿，前后把酒倒，把我爹娘欠坏了。

来自武汉的新娘听唱哭嫁歌后情不自禁热泪盈眶

姑娘哭嚎嚎，上了花花轿，叫声爹妈我走了。
轿顶一条花，前后把酒洒，吹吹打打到婆家。

一年一头春

到了这时间，大小都来听，听我唱段劝世文。
一年一头春，年年有新闻，幺姑娘不觉长成人。
成人又长大，今年要出嫁，爹妈嘱咐多少话。
你往婆家走，孝心也要有，祖宗八代你莫丢。
你往婆家行，是非莫乱言，识破不值半文钱。
一劝孝公婆，二劝敬丈夫，三劝妯娌都和睦。
四劝要灵性，做事要灵敏，迟睡早起莫贪眠。
五劝起得早，堂前要打扫，忙到厨房把茶烧。
烧茶公婆喝，茶叶要多着，清汤清水有人说。
公婆年纪来，杯杯要接到，人人都说孝心好。
六劝爱整洁，茶饭弄好些，夹生饭吃哒肚子泻。
哥嫂伴灶行，火星要小心，碟子炒菜要上线。
七劝有礼貌，打扮要趁早，莫等堂前客人到。
贵客你坐下，装烟把火拿，切记莫过手掂茶。
八劝学裁剪，忙工针和线，女儿学到多方便。
说起请裁缝，一天一个工，又要工钱和小用。
九劝买田庄，夫妻要商量，少惹丈夫气昂昂。
丈夫有火来，好言来劝解，会事的夫人解下金腰带。
给你说的话，切莫忘记哒，牢牢靠靠放心下。
生我是男子，养生又送死，披麻戴孝接宗祠。
生我是女身，长大别家人，没有报答父母恩。
十劝已完成，铜锣响三声，婆家大轿来娶亲。
女儿听分明，两脚走如云，不觉来到绣房门。
来到窗沿下，梳头葫儿拿，象牙梳子手中拿。

前梳龙戏水，后梳燕儿尾，中间梳起盘龙会。
金簪二面插，两旁插鲜花，巴巴排环戴耳下。
钥匙响叮当，打开龙虎箱，红领衣裳套成双。
上穿红绫袄，下穿桂花裙，红绫鞋儿脚下蹬。
堂屋里把香焚，幺姑娘把神敬，哥哥背妹出家门。
幺姑娘站斗口，筷儿往后丢，口叫爹妈代代有。
幺姑娘上了轿，前后把酒倒，把我爹妈欠坏了。
背到堂屋中，点头辞祖宗，这回点了婆家的宗。
背到堂屋边，见了婆家人，要看爹妈再回门。
姑娘哭嚎嚎，上了花轿轿，叫声爹妈我走了。
轿顶一条花，前后把酒洒，双吹双打到婆家。

《一年一头春》和《女儿十八春》，是土家姑娘出嫁前一天晚上坐十姊妹时必唱的哭嫁歌。

歌曲开台写姑娘出嫁时，爹妈有话要认真嘱咐。希望女儿以孝道为先，注重礼仪，勤劳善良，团结和睦。再将生产生活中要注意的细节、待人接物、礼仪举止等一一嘱托教导，真是可怜天下父母心。接着写婆家迎亲队伍到来，姑娘精心装扮，一个如花似玉的新娘出现在人们面前。在哥哥的庄重送行仪式中，新娘辞别祖宗，泪洒衣襟，依依不舍地上轿出嫁。结尾一句“叫声爹妈我走了”，包含着多么深厚的感恩与牵挂之情！

歌曲开台两个乐句完全重复，仿佛是在再三叮嘱；然后昂扬而起，流露出喜嫁闺女的自豪与快慰；末句用衬词结尾，给人留下更多的回味空间。同时，这两首哭嫁歌还描述了姑娘出嫁的一些礼仪，如辞祖先、站金斗、甩筷子、哥背新娘上轿、出嫁时穿什么衣等，又起到了传承礼仪的作用。

一年一头春

冯国芝 演唱
荣先祥 记谱
吕守芹 记词

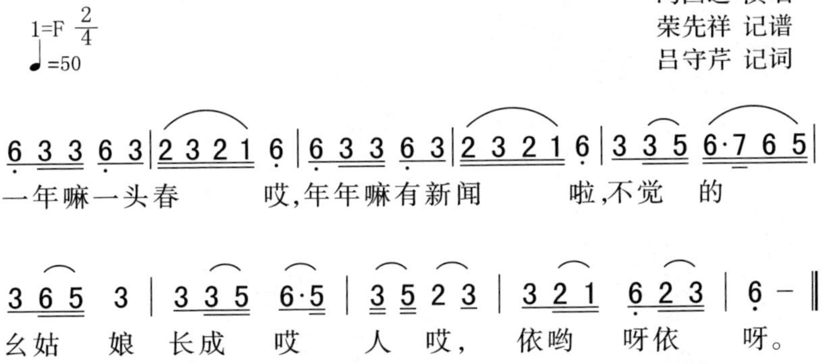

1=F $\frac{2}{4}$
♩=50

6 3 3 6 3 | 2 3 2 1 6 | 6 3 3 6 3 | 2 3 2 1 6 | 3 3 5 6·7 6 5 |
一年嘛一头春 哎,年年嘛有新闻 啦,不觉 的

3 6 5 3 | 3 3 5 6·5 | 3 5 2 3 | 3 2 1 6 2 3 | 6 – ‖
幺姑 娘 长成 哎 人 哎, 依哟 呀依 呀。

在陪十姊妹中，不只是唱哭嫁歌，还有很多劝导歌、爱情歌。劝导歌教姑娘出嫁后怎样做一个好媳妇，奉劝新娘出嫁后要孝敬父母、勤俭持家。爱情歌则表达对美好婚姻生活的向往和追求。可以说，陪十姊妹是土家人出嫁前寓教于歌的一次道德操行教育。这也是陪十姊妹能传承至今并广泛普及的重要支撑。

十姊妹劝导歌如：

十 劝 姐

黄宗庭 演 唱
荣先祥 记词谱

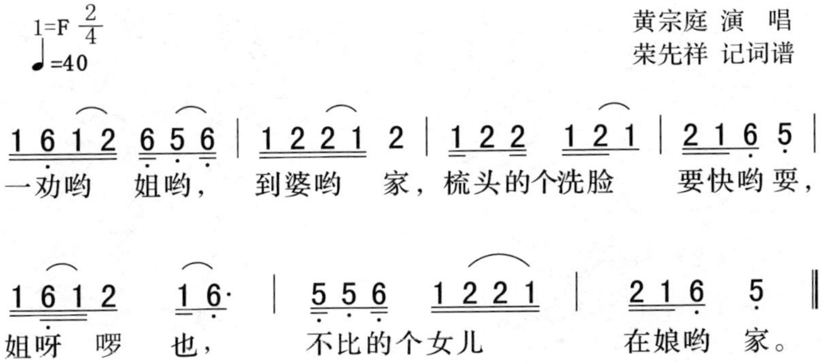

1=F $\frac{2}{4}$
♩=40

1 6 1 2 6 5 6 | 1 2 2 1 2 | 1 2 2 1 2 1 | 2 1 6 5 |
一劝哟 姐哟， 到婆哟 家，梳头的个洗脸 要快哟 耍，

1 6 1 2 1 6· | 5 5 6 1 2 2 1 | 2 1 6 5 ‖
姐呀 啰 也， 不比的个女儿 在娘哟 家。

一劝姐，到婆家，梳头洗脸要快耍，不比女儿在娘家。

唱哭嫁歌

新娘在家人的陪伴下唱哭嫁歌

二劝姐，敬公婆，公婆面前要孝顺，孝顺公婆是很人[1]。

三劝姐，敬丈夫，莫把丈夫带搓磨，妻子无夫身无主。

四劝姐，种田忙，起得早来睡得晚，前仓收得后仓满。

五劝姐，来人客，装烟倒茶要亲热，双手递来双手接。

六劝姐，规矩好，老是老来少是少，大是大来小是小。

七劝姐，学针线，挑花绣朵针要齐，要学木雕笔画的。

八劝姐，要学好，你在婆家莫吵闹，要学棚柴火焰高。

九劝姐，人家走，是非朝朝口里有，紧开言来慢开口。

十劝姐，回娘家，莫在娘家讲小话，莫把亲戚说生哒。

十 劝 姐

1=E $\frac{2}{4}$

♩=55

阮竹萍 演唱

荣先祥 记谱

杨 会 记词

55 535 | 6 1̇ 5 3 | 3561̇ 6553 | 2321 2 |

一劝 姐要 学 好， 探 亲 人 哒 莫 乱 跑，

321 2·3 | 5561̇ 5 | 56̣1 223 | 2116̣ 5̣ ‖

姐呀罗 也， 姐呀罗 也，大是 大来 小 是 小。

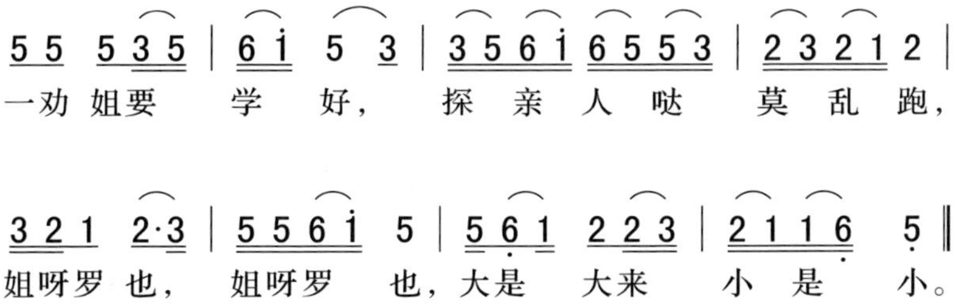

一劝姐要学好，探亲人哒莫乱跑，大是大来小是小。

二劝姐要听说，头要梳来脚要裹，挑花绣朵都要学。

三劝姐到婆家，莫和妯娌打疙瘩[2]，莫把亲戚得罪哒。

四劝姐学当家，莫把五谷抛撒哒，抛撒五谷遭雷打。

五劝姐要淑贤，丈夫撇[3]哒你莫嫌，丈夫撇哒你莫嫌。

---

①很人：能人的意思。

②打疙瘩：发生矛盾的意思。

③撇：能力差的意思。

六劝姐莫怨人，世上由命不由人，五更八字命生成。

七劝姐爱洁净，灶前灶后扫干净，水火来了不留情。

八劝姐莫诀人，人人都是父母生，人人都是父母生。

九劝姐要孝顺，孝顺公婆敬老人，养的儿孙照样行。

十劝姐引娃娃，无事莫把儿去打，披麻戴孝离不开他。

十 劝 姐

杨年菊 演唱
荣先祥 记谱
杨　会 记词

1=G 2/4
♩=65

1 6 1 2 | 6 5· | 1 2 2 1 | 2 – | 1 2 2 3 |
一劝 哟 姐 啦， 听我 哟 说， 头 要 的个

1 2 1 | 1 2 6 5 | 5 – | 1 6 2 | 1 6· |
梳来 哟 脚 要 裹， 姐呀 啰 耶，

5 5 5 6 | 1 2 2 1 | 1 2 6 5 | 5 – ‖
挑 花 的个 绣朵 哟 也 要 学。

一劝姐，听我说，头要梳，脚要裹，挑花绣朵也要学。

二劝姐，要孝顺，孝顺爹娘言语顺，子子孙孙照样行。

三劝姐，种庄稼，莫把五谷糟蹋哒，糟蹋五谷遭雷打。

四劝姐，莫诀人，人人都是父母生，怀中摸手亏良心。

五劝姐，莫嫌穷，穷人还有穷人逢，天下穷人一家人。

六劝姐，莫学坏，恶人还有恶人磨，莫给婆家受折磨。

七劝姐，回娘家，娘家莫讲婆家话，莫把亲戚讲生哒。

八劝姐，都劝高，有事莫在堂前跑，子子孙孙穿旗袍。

九劝姐，莫喝酒，喝了酒，丢了丑，莫跟丈夫讨气怄。

十劝姐，都劝好，大的大，小的小，子子孙孙穿朝袍。

《十劝姐》有多种版本，流传非常久远和广泛，是陪十姊妹仪式中的重点歌曲之一。歌曲从仪容技艺、文明修养、生活习惯等方面，比较全面地演绎了传统女性所应具备的传统美德。以平实的语言和友善的语气，循循劝导女孩要孝顺，不要糟蹋五谷，不要骂人，不要嫌贫爱富，不要学坏，不要搬弄是非，不要饮酒过量等，是传统女性家教文化比较集中的表现，寄予着人们一种美好的理想：那就是期望着从这里走出去的，是一个令人羡慕的好媳妇。里面的一些劝诫至今仍让人警醒。当然，由于时代的进步，“裹脚”这种戕害人的陋习早已成为历史。

《十劝姐》曲调舒缓，韵律悠扬，与“劝”十分切合，婉转的歌声中蕴含着娘家的谆谆教诲，显露着儿女的浓浓情思，将孝敬、善良、勤俭、和睦等人生修养，用歌声传递出来，力求让听众在潜移默化中受到感染和教育。

劝导歌曲主要是劝导姑娘出嫁后要注重仪表，孝敬公婆，热情礼貌待客，讲究老幼尊卑，要勤俭持家，不要惹是生非，要爱惜粮食，讲究卫生，不嫌贫爱富，不酗酒。这些歌听来让人警醒，歌声

陪十姊妹

中对新娘寄予了无限的希望，愿新娘在婆家成为一位端庄、孝顺、勤劳、善良、热情、守礼、厚道等具有传统优秀品德的好媳妇。

爱情歌有《十爱姐》《闹五更》《妈妈门口十二围》《十杯酒儿》《探郎歌》《苏州打货杭州卖》《结婚歌》等。

十爱姐（曲调一）

崔显桃 演唱
荣先祥 记谱
杨　会 记词

1=G $\frac{2}{4}$
♩=40

1 6 1 2 6 5 6 | 1 2 2 1 2 | 2 2 1 2 2 2 1 | 2 1 6 5 |
一爱哟　姐啰，　好人哦　才，高不一个高高舍　矮不哟　矮，

1 6 1 2 1 6· | 5 5 5 6 1 2 2 1 | 2 1 6 5 | 0 0 ‖
姐呀　啰吔，　走路的个　好　像舍　祝英　台。

一爱姐好人才，高不高来矮不矮，走路好像祝英台。
二爱姐好头发，梳子梳来篦子刮，梳起美女插鲜花。
三爱姐好眉毛，眉毛弯弯一脸笑，说话就像鹦哥叫。
四爱姐好眼睛，一双眼睛像铜铃，望人好像梭子行。
五爱姐好白牙，三十六颗般般大，说话就像吐琵琶。

花轿一字排开，恭候新娘上轿

六爱姐好白手，一双手儿像莲藕，十根指格瓦盖头。

七爱姐好软腰，软软腰杆像柳条，走路就像水上漂。

八爱姐好衣裳，衣裳四角攀麝香，人也香来麝也香。

九爱姐好罗裙，罗裙系起二面分，走路好像风送云。

十爱姐好小脚，一对小脚三寸多，走路就像踩软索。

十爱姐（曲调二）

1=D $\frac{2}{4}$
♩=60

革启胜 演 唱
荣先祥 记词谱

6 6 1̇ 2̇ | 3̇ 2̇ 1̇ 6 | 1̇ 1̇ 3̇ 2̇ 1̇ 6 | 6 1̇ 6 5 |
一爱 哟 姐儿 好人 哎 才 啦，

1̇ 6 1̇ 2̇ 3̇ | 1̇ 2̇ 1̇ 6 | 5 6 6 5 4 | 5· 3 2 |
好像那 仙女 下凡 来，时时 逗 人 爱。

5· 7 6 | 5 6 6 5 4 | 5· 3 2 ‖
哎嗨 哟，时 时 逗 人 爱。

一爱姐儿好人才，好像仙女下凡来，时时逗人爱。

二爱姐儿好头发，梳子梳来篦子刮，盘龙插金花。

三爱姐儿好眉毛，眉毛弯弯一脸笑，说话鹦哥叫。

四爱姐儿好白手，十指尖尖像莲藕，越看越风流。

五爱姐儿好衣裳，衣裳四面吊麝香，麝香味道长。

六爱姐儿好罗裙，罗裙四面吊金铃，一步一响声。

七爱姐儿拖脚裤，不长不短正宜合，打齐螺蛳骨。

八爱姐儿好软腰，走路好似风摆柳，又像水上漂。

九爱姐儿好花鞋，上安绒球和丝带，人见人人爱。

十爱姐儿好小脚，活像两只小羊角，走路踩软索。

十爱姐（曲调三，花鼓调）

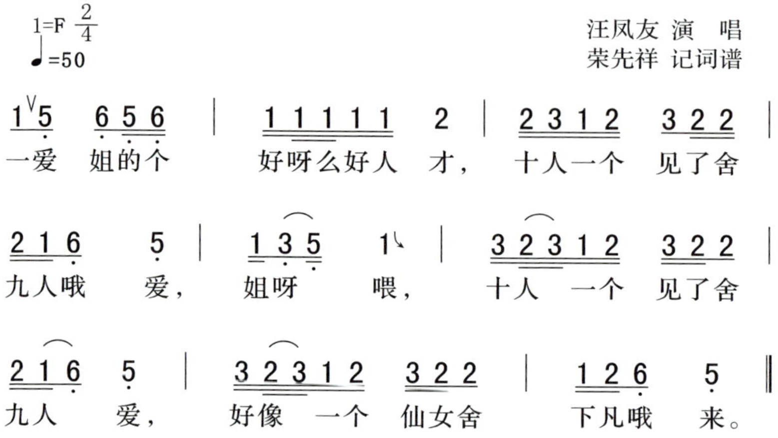

1=F 2/4
♩=50

汪凤友 演　唱
荣先祥 记词谱

1 V5　656 | 11111　2 | 2312　322 |
一爱　姐的个　好呀么好人　才，　十人一个　见了舍

216　5 | 135　1 | 32312　322 |
九人哦　爱，　姐呀　喂，　十人　一个　见了舍

216　5 | 32312　322 | 126　5 ‖
九人　爱，　好像　一个　仙女舍　下凡哦　来。

一爱姐好人才，十人见了九人爱，好像仙女下凡来。

二爱姐好头发，梳子梳了篦子刮，梳个盘龙插鲜花。

三爱姐好眉毛，弯弯眉毛一脸笑，说话好像鹦哥叫。

四爱姐好眼睛，一对眼睛水灵灵，好像中秋月儿明。

五爱姐好白脸，水粉掸来胭脂点，桃红脸儿好容颜。

六爱姐好白牙，一口牙齿白沙沙，赛过西天女菩萨。

七爱姐好耳环，八宝耳环戴两边，走起路来金光闪。

八爱姐好白手，十个指头像杨柳，翡翠戒指戴满手。

九爱姐好衣裳，衣裳四角有麝香，人又排场（端庄）麝又香。

十爱姐好罗裙，罗裙底下掩铜铃，姐走一步响一声。

《十爱姐》流传多种版本，各版本的歌词不尽相同，但都是对女性仪容的高度赞美。歌中的姐儿，无论从哪个角度都堪称完美，与传说中的七仙女、祝英台一模一样。透过表象，我们可以看出人们对美的追求是永恒的，姐儿正是这种理想的化身；可以看出土家人对仪容之美的审美偏好，“十爱”正是当时这种偏好的集中体现。

即便是今天，除了三寸小脚外，其余的“十爱”仍然是红红火火选美的标准。《十爱姐》运用由远到近的表现手法，犹如一组组特写。先拉远，看姐儿整体效果，然后迅速推近展现特写镜头，从上到下，从头到脚，细细描绘，再配以几乎每段都有的形象比喻。于是，一个貌美似仙的土家姑娘，就这样栩栩如生了！

《十爱姐》曲调一、曲调二，多在“十姊妹”席上演唱。曲调三多在喜花鼓表演中演唱，一人领唱，其余接唱两处：“喂”和末句“好像仙女下凡来”。

闹 五 更

1=F $\frac{2}{4}$

♩=50

陈洪玖 演 唱

荣先祥 记词谱

6156 116 | 56 55 | 5553 3235 | 22· |

一更里来 星宿 寒 噔噔，手攀窗棂 细 端 详呀，

3523 553 | 2321 66 | 6661 2321 | 62 1·6 | 5 5· ‖

二八一个佳人 多 美 貌呀，手拿一个针 线 绣 鸳 鸯呀。

一更里来星宿寒，手攀窗棂细端详，二八佳人多美貌，手拿针线绣鸳鸯。

二更里来月正东，忽听门外有人声，双手推开门两扇，原是情哥到门前。

三更里来月起头，手拖手儿上牙床，双手绕开红罗帐，闻着胭脂味儿香。

四更里来月偏西，紧身棉衣都收起，手杆弯弯作枕头，浑身上下交与你。

五更里来东方亮，架上金鸡报天明，短命公鸡叫得早，叫声情哥快起身。

又喜又乐今宵夜，又愁又怕明离别，恨不能双手托住天边月，为何闰月不闰夜。

民歌中以五更为序的相当多，主要是便于铺陈展开描述，比如《闹五更》《五更里》《鼓打五更里》《五更金鸡叫》《五更里想情郎》等。这种歌有一个共同点，那就是以一更至五更为顺序，每段之首分别标明更次，前后意思连贯。

以五更为序的歌，历史相当久远，南北朝时乐工从民间采集后被列为相和歌辞清调曲之一，曲谱有《五更调》《闹五更调》《劝五更调》等。现存以南朝《从军五更调》为最早，《敦煌曲子词》《全金元词》《明清民歌时调集》中保存一些。

《五更调》的内容早期大多反映军旅生活和征人相思之情。隋、唐、五代时期，以佛教故事唱词居多。宋、元以后，尤其是明清之际，是青楼歌妓们习唱的小曲。明清以来，各地《五更调》十分繁盛，大多反映儿女思盼之情。

“五更”所反映的时段是整个夜晚，而夜晚最容易引起人们的回忆与思念。所以，这种以“更”序分节的形式，就非常适合表达思念、期盼的情感内容。《五更调》自唐宋以后广为流传，明清之际已遍布全国。

《闹五更》叙述情哥情妹的一场美好幽会。二八佳人望眼欲穿终于等来了情郎，然而良宵易逝，短暂的甜蜜之后，又将是无尽的相思。情妹在痛骂“短命的公鸡叫得早”之后，用“恨不能双手托住天边月”的描写，写尽了情妹良宵嫌短的不舍之情。用一声“为何闰月不闰夜”的质问，把情感推向高潮。《闹五更》沉静平缓的曲调，很好地烘托出情哥情妹情意绵绵的氛围。

妈妈门口十二围

1=F 2/4
♩=60

刘克词 演　唱
荣先祥 记词谱

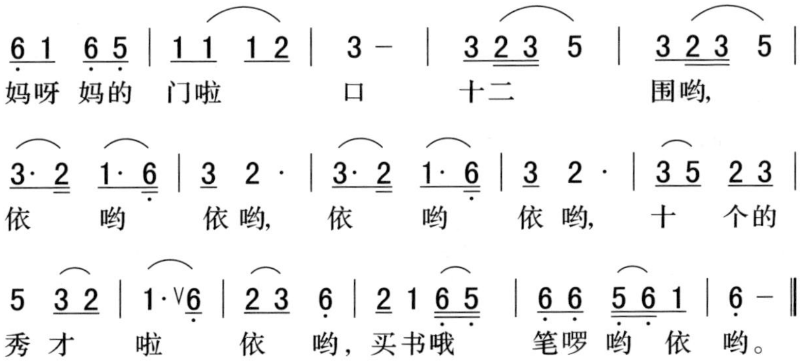

6 1　6 5 | 1 1　1 2 | 3 – | 3 2 3　5 | 3 2 3　5 |
妈呀 妈的　门啦　口　十二　围哟，

3· 2　1· 6 | 3　2· | 3· 2　1· 6 | 3　2· | 3 5　2 3 |
依　哟　依哟，依　哟　依哟，十　个的

5　3 2 | 1· 6 | 2 3　6 | 2 1 6 5 | 6 6　5 6 1 | 6 – ‖
秀才　啦　依　哟，买书哦　笔啰哟依哟。

妈妈门口十二围，十个秀才买书笔。
大哥哼来二哥嗯，三哥出来数金银。
我家有个小幺妹，今年有哒十六春。
洗脸不洗残盆水，抹脸不抹布手巾。
要你猪儿一百斤，要你酒儿竹叶青。
要你文官来过礼，要你武官来娶亲。
要你皇帝拦车马，要你娘娘来交亲。

《妈妈门口十二围》是陪十姊妹仪式中演唱的一首非常优美的小调，故事写的是十个书生以买笔为由，争相来到小幺妹门前，希望获得妹子的青睐，但小幺妹家里设置了一系列令人高不可攀的门槛，看来这些秀才没有一个能让小幺妹看上呢。同时，这首十姊妹歌还写出了土家族婚俗文化中的洗脸上头、过礼、娶亲、拦车马、交亲等几个重要的仪式。在歌声中传承了婚礼知识，这对我们今天考证研究土家族婚俗文化又是一个极好的证明资料。

《妈妈门口十二围》目前很少有人会唱了。可喜的是，三里乡中坦坪村年近八旬的刘克词老太太还能流利地演唱，得以收录，甚为欢欣。

十杯酒儿

阮竹萍 演唱
荣先祥 记谱
杨 会 记词

1=F $\frac{2}{4}$
♩=80

2 2 5 6 5 | 5 3· | 2 2 3 1 6 1 | 2 3 2· | 2 2 5 6 5 |
一杯 酒 儿 正月 正 哟， 口问哥

5 3· | 2 2 3 1 6 1 | 2 3 2· | 3 2 3 2 | 3 2 3 1 2 |
哥 是 哪家 人 啦， 我是 大户 人家读 书子，

1 2 2 1 6 | 5·6 1 6 1 | 2·3 1 2 | 2 1 6 5 6 | 6 5· ‖
奴的哥儿 舍， 十篇文章 讲 得 清。

一杯酒儿正月正，口问哥哥哪家人，我是大户人家读书子，四书五经讲得清。

二杯酒儿百花开，口叫丫鬟把茶筛，无事不进三宝殿，有事才到姐家来。

三杯酒儿是清明，奴在房中绣手巾，左手绣起花一朵，右手绣起满堂红。

娶亲队伍对歌求上岸

新娘队伍高唱土家歌，对不到莫上岸

四杯酒儿过立夏，妹妹田中把秧插，哥哥下田来帮忙，一对鸳鸯挨挨擦。

五杯酒儿是端阳，妹妹斟酒陪小郎，劝郎多喝雄黄酒，免得蚊虫咬小郎。

六杯酒儿热茫茫，上瞒老子下瞒娘，两头瞒起哥和嫂，二人挽手玩一场。

七杯酒儿搭鹊桥，姐害相思郎害痨，姐害相思容易整，郎害痨来命难逃。

八杯酒儿是中秋，口劝哥哥莫丢手，你要丢手你就丢，根根树上结石榴。

九杯酒儿是重阳，妹妹斟酒小郎尝，你一盅来我一盅，人生能有几重阳。

十杯酒儿小阳春，二人叩头把香焚，你我同心同到老，天地鸳鸯永不分。

《十杯酒儿》的题目比较独特，完全以节令起兴，且把一至十杯酒儿贯穿于十段句首，引出每月节气作为叙事线索，这在民歌中还是很少见的。

歌曲先写情妹与小郎初相识，情感在劳作中渐渐加深，爱情步步升华，几乎达到害相思病的程度，最后刻画情哥情妹相亲相爱，立誓要“天地鸳鸯永不分”。

曲调起句高扬，二句重复韵律，畅快之情表达淋漓。贯穿十段的衬词“奴的哥儿舍”，表达出因爱情甜蜜而抑制不住的快意，娇嗔的情妹形象呼之欲出。

探郎歌（曲调一）

黄宗平 演唱
荣先祥 记谱
杨 会 记词

1=G $\frac{2}{4}$
♩=40

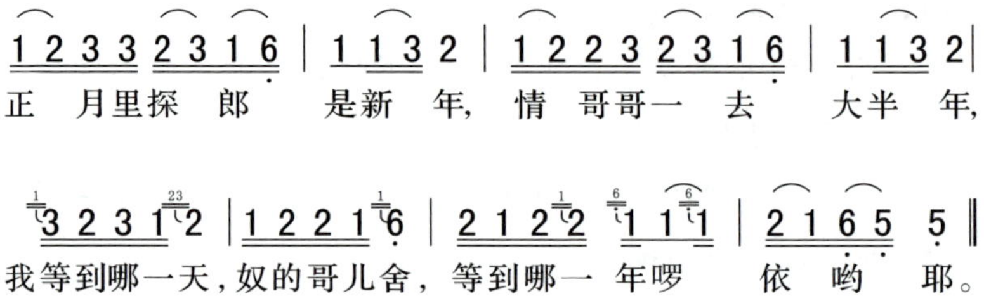

1 2 3 3 2 3 1 6 | 1 1 3 2 | 1 2 2 3 2 3 1 6 | 1 1 3 2 |
正 月里探 郎 是新 年，情 哥哥一 去 大半 年，

3 2 3 1 2 | 1 2 2 1 6 | 2 1 2 2 1 1 1 | 2 1 6 5 5 ‖
我等到哪一天，奴的哥儿舍，等到哪一 年啰 依 哟 耶。

探郎歌（曲调二）

（高坪民歌）

单长春 演唱
荣先祥 记谱
唐 芳 记词

1=G $\frac{2}{4}$
♩=68

3·2 1 6 | 1 6 3 | 2 - | 3·2 1 6 | 1 6 3 | 2 - |
正月探郎 是 呀 新 年， 情哥 一去 大 呀 半 年，

3·2 1 2 | 3 2· | 1 6 5 | 6 - | 1·6 1 6 | 2 1 6 |
等到哪一 天 哪， 哥 儿 喂， 等到 哪一 年 啰

5 - | 6 6 1 6 | 1 6 1 | 2 - | 1·6 1 6 | 2 1 6 | 5 - ‖
吔， 探郎一枝 花呀吙 吔， 等到哪一 年啰 吔。

正月探郎是新年，情哥哥一去大半年，我等到哪一天，等到哪一年。

二月探郎百花开，情哥哥一去永不来，有了别家的女，才把奴丢开。

三月探郎是清明，情哥说话是真情，话儿说得好，水都点得灯。

四月探郎是立夏，情哥下河把鱼打，好鱼上了别人的钩，情丢义不丢。

五月探郎是端阳，雄黄美酒敬小郎，劝郎多喝三杯酒，免得蚊虫咬小郎。

六月探郎三伏热，缎子鞋儿做不得，汗手摸一把，花儿毁了色。

七月探郎七月七，牛郎织女两夫妻，要得夫妻重相会，还在七月七。

八月探郎八月八，神隍庙里把香插，烧的是金钱纸，打的是文王卦。

九月探郎九月九，哥哥牵到妹的手，这样恩情厚，难舍又难丢。

十月探郎郎不来，门前搭起望郎台，妹在台上望，望郎哪方来。

冬月探郎下大雪，姐儿门前遍山白，人不留客天留客，就在我家歇。

腊月探郎腊月腊，奴家有个年猪杀，情哥哥你没来，好的留起在。

《探郎歌》以十二月为线索，刻画一个痴情女子对心上人一年四季的思念之苦。前面部分写因为情郎半年不来等得伤心，情妹自然生发出种种猜疑：是不是“有了别家的女，才把奴丢开”呢？情哥的话儿倒是说得好，“水都点得灯”的，并猜测若是上了别人的“钩”，情妹也是“情丢义不丢”，可谓一往情深。接着写短暂的相会后，情妹把对情哥的爱化作细心的行动。歌词还通过聚散对比，唱出相会的甜蜜和思念的加深。特别是最后唱到情妹杀了年猪，舍不得吃，留着哥哥来吃，极富土家人生活情调。同时，歌词中用“水都点得灯”来状情哥的情语之妙，以“钓鱼”来喻移情别恋，均是神来之笔，使人回味无穷。

曲调一属于三里乡一带的唱法，曲调缠绵而显哀婉，两处衬词，宛如情妹无限思念的深深叹息。曲调二属于高坪、官店版本，曲调缠绵而显哀婉，末尾衬词加反复的运用，使思念之情更为突出。

苏州打货杭州卖

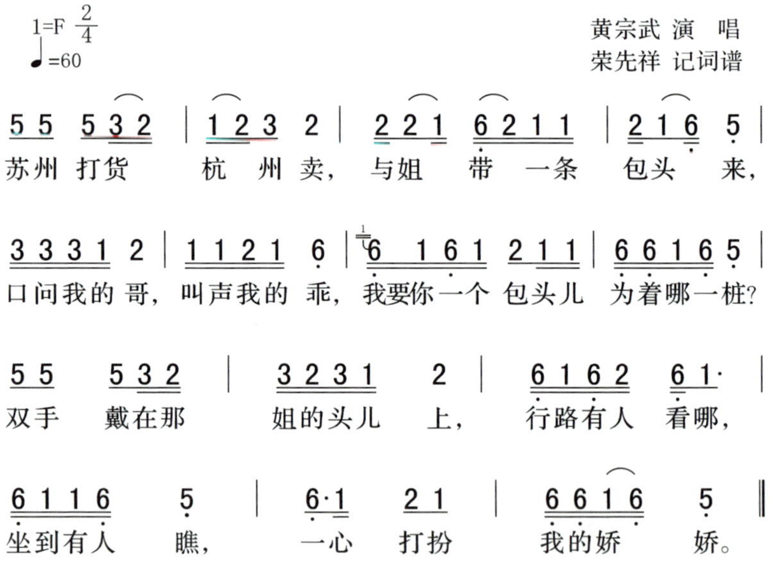

1=F 2/4
♩=60

黄宗武 演 唱
荣先祥 记词谱

55 532 | 123 2 | 221 6211 | 216 5 |
苏州 打货 杭 州 卖，与姐 带 一条 包头 来，

33312 | 11216 | 6 161 211 | 66165 |
口问我的 哥，叫声我的 乖，我要你一个 包头儿 为着哪一桩？

55 532 | 3231 2 | 6162 61· |
双手 戴在那 姐的头儿 上，行路有人 看哪，

6116 5 | 6·1 21 | 6616 5 ‖
坐到有人 瞧，一心 打扮 我的娇 娇。

苏州打货杭州卖，与姐带一条包头来，口问我的哥，叫声我的乖，我要你一个包头儿为着哪一桩？双手戴在姐的头儿上，行路有人看，坐到有人瞧，一心打扮我的娇娇。

苏州打货杭州卖，与姐带一对耳环来，口问我的哥，叫声我的乖，我要你一对耳环子为着哪一桩？双手戴在那姐的耳朵上，行路有人看，坐到有人瞧，一心打扮我的娇娇。

苏州打货杭州卖，与姐带一条箍子来，口问我的哥，叫声我的乖，我要你一条金箍子为着哪一桩？双手戴在姐的中指上，行路有人看，坐到有人瞧，一心打扮我的娇娇。

苏州打货杭州卖，与姐带一些衣料来，口问我的哥，

叫声我的乖，我要你一些衣料子为着哪一桩？亲手给姐裁剪做衣裳，行路有人看，坐到有人瞧，一心打扮我的娇娇。

苏州打货杭州卖，与姐带一条裙子来，口问我的哥，叫声我的乖，我要你一条花裙子为着哪一桩？打扮姐儿上歌台，行路有人看，坐到有人瞧，一心打扮我的娇娇。

《苏州打货杭州卖》是经典民歌《黄四姐》的姊妹篇，其成型应略早于《黄四姐》，或者说是《黄四姐》的雏形。

在人物的刻画上，货郎与姐儿已经基本成型，二人关系甚为亲密。姐儿的性格特征非常鲜明，“口问我的哥，叫声我的乖，我要你一个包头为着哪一桩？”亲切、泼辣、调皮之态跃然而出。货郎的身份明确，不远千里为姐儿带来五种饰物，爱恋、追求、执着之情流露无疑。

在所赠的爱情信物上：货郎从遥远的苏州带来“包头”“耳环”“箍子”“衣料”“裙子”，为的是精心打扮心目中早就深深爱恋的

新娘弟弟背新娘上轿

“娇娇”；姐儿见到这些非常喜爱的饰物，显露出无比喜悦的神态，但又娇嗔万般，明知故问，一定要货郎说明送礼的真实目的，十分有趣。

在音乐上，一问一答的结构，以及“行路有人看，坐到有人瞧，一心打扮我的娇娇”的唱腔，已经明显具有《黄四姐》的韵味。

一对鸳鸯飞过河

1=G $\frac{2}{4}$
♩=50

刘克词 演　唱
荣先祥 记词谱

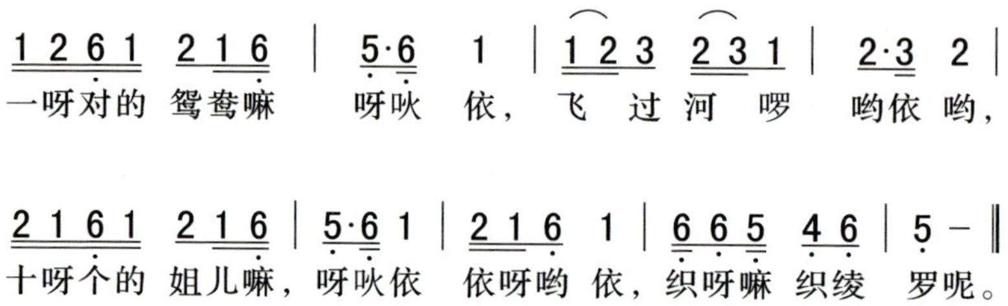

1 2 6 1　2 1 6 | 5·6　1 | 1 2 3　2 3 1 | 2·3　2 |
一呀对的 鸳鸯嘛　呀[illegible]依，飞　过　河　啰　哟依 哟，

2 1 6 1　2 1 6 | 5·6 1 | 2 1 6　1 | 6 6 5　4 6 | 5 − ‖
十呀个的 姐儿嘛，呀吙依　依呀哟 依，织呀嘛 织绫　罗呢。

一对鸳鸯飞过河，十个姐儿织绫罗。
大姐上前织一段，九个妹妹旁边站。
二姐上前蹬两蹬，要织鲤鱼跳龙门。
三姐要织茶盘格，娘说女小织不得。
先织茶盘圆溜溜，后织金杯在里头。
四姐要织火盆格，娘说女小织不得。
先织火盆四角方，后织明火在中央。
五姐要织田边格，娘说女小织不得。
先织田边四角方，后织犁头在中央。
六姐要织树木林，娘说女小织不成。
先织树木两边排，后织猛虎下山来。
七姐要织天上月，娘说女小织不得。
先织月亮亮堂堂，后织乌云滚月亮。

八姐要织天上云，娘说女小织不成。

先织大星对小星，后织乌云对紫云。

九姐要织翠蓝衫，娘说女小织不像。

先织背后背和肩，后织衣领在中央。

只有十姐生得小，给妈织件黄丝袄。

不用剪，不用裁，照娘身子织下来。

《一对鸳鸯飞过河》这首曲调非常优美的民歌，在“十姊妹”仪式上，很受重视。

歌曲描写在母亲“女小织不成”的激励下，十个姐儿各显身手，表现出非凡的技艺。透过这些情节，聪慧灵巧的土家女子形象活灵活现，令人刮目相看。

随着社会的变化，陪十姊妹歌的歌词有了很多的改变，特别是新中国成立后，随着《婚姻法》和《民法典》的颁布，十姊妹歌多为歌颂新的生活和互相勉励之词，如建始县三里乡流行的陪十姊妹歌《结婚歌》：

结　婚　歌

1=F $\frac{2}{4}$

♩=76

冯国芝 演　唱

荣先祥 记词谱

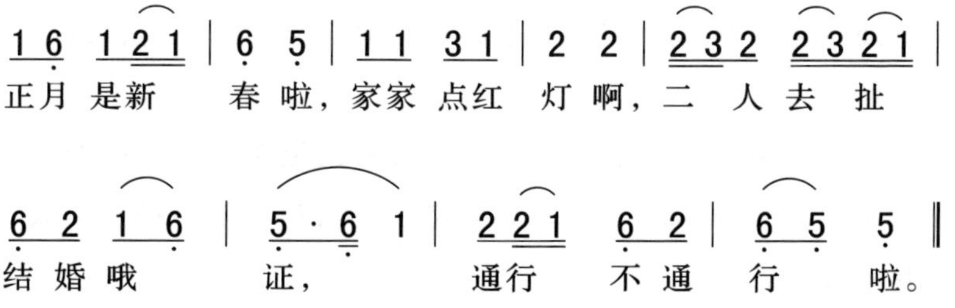

16 121 | 6 5 | 11 31 | 2 2 | 232 2321 |

正月 是新　春 啦，家家 点红　灯 啊，二　人去　扯

6 2 1 6 | 5·6 1 | 221 6 2 | 6 5 5 ‖

结 婚 哦　证，　通行　不 通　行　啦。

正月是新春，家家点红灯，二人去扯结婚证，通行不通行。哥哥说一声，妹妹很赞成，二人去扯结婚证，收拾一路行。

二月百花开，二人上街来，你也爱来我也爱，走到区里来。走到区政府，同志忙走出，口问二人做什么，结婚要手续。

三月开红花，同志忙烧茶，二人年纪有好大，合法不合法。哥哥二十二，妹妹一十八，二人年纪合了法，就把证书拿。

四月栽秧忙，手拿证书看，手拿证书喜洋洋，边走边商量。哥哥听端详，妹妹说一番，现在有了共产党，自己做主张。

五月端阳节，准备把婚结，准备去接几桌客，亲戚过一夜。哥哥听明白，不要去接客，俭省节约自己得，浪费要不得。

六月三伏天，我们翻了身，我们翻身日子甜，又要热闹点。又要热闹点，又要不用钱，我们翻身日子长，反正是一样。

七月是月半，准备扯花衣，准备去扯白哔叽，外带织咕尼。哥哥听仔细，不要扯花衣，只要买张毛主席，二人就可以。

八月是中秋，准备下汉口，准备去扯蓝青绸，外搭梳头油。哥哥听分由，不要下汉口，粗蓝大布只要有，好日子在后头。

九月菊花开，准备打轿台，杀猪又把羊来宰，亲朋接拢来。花轿你莫抬，猪羊你莫宰，组织妇女把会开，秧歌扭起来。

十月小阳春，妹妹很真心，样样替我作俭省，真心不真心。替我作俭省，真心不真心，挖泥奔土把产增，往后争光荣。

冬月大雪飘，妹妹你听到，农业生产要搞好，生活才提高。哥哥说得好，妹妹我听到，农业生产要搞好，翻苕打猪草。

腊月是一年，准备去借钱，又买米来又买面，火炮放几圈。哥哥听我言，不要去借钱，俭省节约办一点，节约过个年。

《结婚歌》是新中国成立初期提倡俭省节约办婚事的一首非常优美的叙事民歌，流传相当广泛。其反对铺张浪费、倡导婚事节俭的鲜明主旨，在过去的几十年里起到了非常好的教育作用，在广大老百姓逐步走向富裕、奋力建设新农村的今天，这首歌仍然具有相当积极的教育意义。

《结婚歌》在传播这样一个重要思想时，没有采用常见的说教方式，而是运用民歌音乐元素，设计成一对恩爱恋人商讨婚礼的典型故事，用生动的人物形象来完成主旨的传递，使受众倍感亲切实在。从这首歌我们可以看到，喜闻乐见的民歌形式最受老百姓欢迎，因而它在广大农村的宣传教育作用不容忽视。

歌曲首先写二人到乡政府拿到合法的结婚证书。这里有两点值得注意：一是办理结婚证正是知法守法的表现；二是办理人员的热情接待反映当时干群之间的鱼水关系。

接着，歌曲通过哥哥妹妹在筹备结婚而设计的一系列场面，情理交融地叙写了二人关于铺张浪费与俭省节约的对话，形象地刻画出一位勤俭节约、不慕虚荣、劝导男方劳动致富、贤淑聪明的新时代优秀女性形象，令人好生羡慕。

《结婚歌》曲调优雅、明快、流畅，荡漾着青年以节俭为荣的无比自豪感。歌曲兼有儿歌式的简洁，易学易唱。

清代土家族诗人彭勇行（1836—1893年）用竹枝体状写了土家人唱哭嫁歌的情景。

养侬长大又陪妆，养女由来也自伤。
最是哭声听不得，一声宝宝一声娘。

“最是哭声听不得，一声宝宝一声娘”写出了听哭嫁歌的感受，令人柔肠寸断。哭嫁，这种土家族独特的婚礼仪式，饱含着即将出嫁姑娘对父母亲友感恩和依依不舍的情怀。《花间集》中收录的竹枝词是这样描述的：“传说邻家嫁女娘，邀呼同伴暗商量，三三五五团团坐，姐一场来妹一场。”写出了土家人对陪十姊妹的热爱。

十姊妹歌在内容铺陈上，多以时更和数字为序。以时更为序，很适合于气氛的渲染，漫漫的长夜中，最能引人浮想联翩。在出嫁的前夜，新娘彻夜思念，回忆在娘家的种种生活情景，得到的各种优待，感恩之情油然而生，非常契合新娘的心理，能很好地引发新娘的感情共鸣和调动新娘情绪，加上哀怨的曲调，往往使新娘和陪坐者热泪盈眶。如《十哭》以数为序，娘家的生活情景犹如一个个特写镜头展现在眼前，表达了新娘对娘家生活的眷念，这类以数字为序的体裁便于铺陈、抒情。

十姊妹歌非常煽情，其词和曲调，特别是土家姑娘那种似唱似哭、情真意切的演唱方式，能使唱的人、听的人，特别是新娘自身引起深深的共鸣。陪十姊妹时，十姊妹歌唱到动人处，堂屋中是一片饮泣，客人、家人，特别是新娘父母听到这感恩诉说和悠悠惜别之情时涕泪涟涟，这种场景十分令人感动。清代土家族诗人彭秋潭（1746—1807年）有一首竹枝词是这样描述的：

十姊妹歌歌太悲，别娘顿足泪沾衣。
宁山地近巫山峡，犹似巴娘唱竹枝。

“歌太悲”，唱得人“顿足泪沾衣”，毫不夸张地描写出了陪十姊妹时的情景。

陪十姊妹，虽然是“哭”，但实质上是悲而不伤。姑娘出嫁、成家立业，是做父母的期盼，故有“女儿长大望媒人”的俗语。也可以说，姑娘出嫁陪十姊妹是婚庆中的一种娱乐活动，以这种形式，使整个夜晚歌声不断，热热闹闹陪新娘度过人生转折点的漫漫长夜。在过去，人们久居深山，生活封闭，没有多少娱乐活动，陪十姊妹和陪十弟兄，就是土家人在婚庆里最吸引人和最能展示姑娘才艺的娱乐活动。即使是现在，土家山寨人家姑娘出嫁，纵然娱乐媒体很多，但陪十姊妹是必不可少的“节目”。土家人哭嫁歌的哭

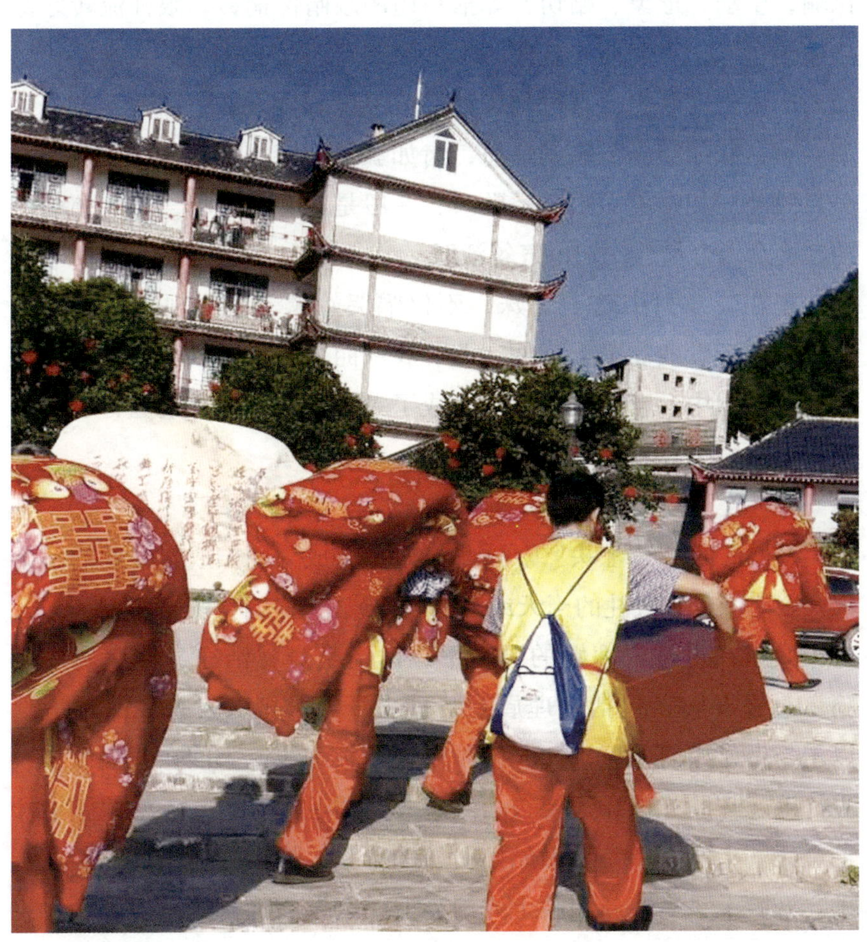

发嫁妆

声，是感激，是感恩，流的是感激的泪、感恩的泪；是以这种方式来倾诉对父母的养育之恩，来表达对哥嫂、兄妹、亲友的依依惜别之情，来劝导姑娘出阁之后做一位能干的好媳妇。在这种活动中，又潜移默化地陶冶了人们的性情，起到了一种教化的作用。

在陪十姊妹中，也唱欢乐的歌，让陪十姊妹的场面显得活跃和欢快，人们的感情也会随着不同的十姊妹歌起伏跌宕。这些歌有些是赞美新娘美貌、贤惠、善良和多才多艺等，如《十爱姐》用十个特写镜头，向我们展示了十全十美的“姐”的形象。特别是歌中的比喻，生动、形象、贴切，如描写姐的眼睛像铜铃，眼神流转好像“梭子行”，走起路来就像“水上漂”“风送云”“踩软索”，能使人产生丰富联想，真可与《诗经·卫风·硕人》中描写女子“手如柔荑，肤如凝脂，领如蝤蛴，齿如瓠犀，螓首蛾眉，巧笑倩兮，美目盼兮”相媲美。唱这类歌时，一般是对着新娘唱，一人领唱前两句，众人合最后一句，气氛活跃。

现在，乡村中陪十姊妹，不仅唱哭嫁歌，还唱现当代的经典歌曲、流行歌曲。席上，你一曲、我一曲，席外，围观的人也争相唱和。堂屋中，歌声此起彼伏，成了一场歌赛。通宵达旦，歌声不断，已是另一番情趣。

十三、开脸

开脸，也叫“上头”。这是姑娘即将成为媳妇成家立业的一个仪式，时间是在过礼的当天或婚礼当天或上轿之前。

姑娘在母亲或嫂嫂的照料下，沐浴全身，洁净身体，然后开脸。过去开脸，包括修理眉毛、扯去汗毛，把头发挽在头顶上，以示与做姑娘时的区别。开脸，是用两根细线，来回在脸上绞，绞去汗毛，让脸光滑，还要拔去不整齐的眉毛。开了脸，姑娘脸上汗毛全无。上头，即是把做姑娘时梳的分头，挽髻扎在头顶，插上簪子。开脸上头后，新娘脸上光滑亮丽，云髻高挽，这是告别少女生活的重要标志。现在的上头，有的人家是与时俱进，请专门的化妆师进行。上头是姑娘出嫁前的一个必不可少的仪式，是由姑娘变为媳妇的一个节点。在过去，有“哭上头”，如母女哭、姑娘哭等。

过去请来给新娘上头的人很有讲究，要请儿女双全、品质好、长得靓、德福双修的中年妇女进行，求的是一个好兆头。

十四、陪十弟兄

婚礼的头一天晚上，女方陪十姊妹，男方陪十弟兄。相对于陪十姊妹来说，陪十弟兄没有别离父母的伤感，少了兄弟姊妹之间依依不舍的眷念之情，只有欢天喜地。陪十弟兄的仪式与陪十姊妹相似。陪十弟兄由两个男礼生安席，新郎由伴郎相陪。先由开台人唱开台歌，然后开令。开令祝辞和十姊妹开令辞一样，开令后，接着唱十弟兄歌，最后唱下席歌和圆台歌。

十弟兄歌，或引经据典，套用古文词语，或嵌入历史故事人物，贴切生动自然，极富文采。在唱法上，有的采用对唱形式，有问有答，生动活泼。

下面，介绍一些陪十弟兄的歌词和曲调：

十弟兄开台歌

1=G $\frac{2}{4}$
♩=60

刘克词 演 唱
荣先祥 记词谱

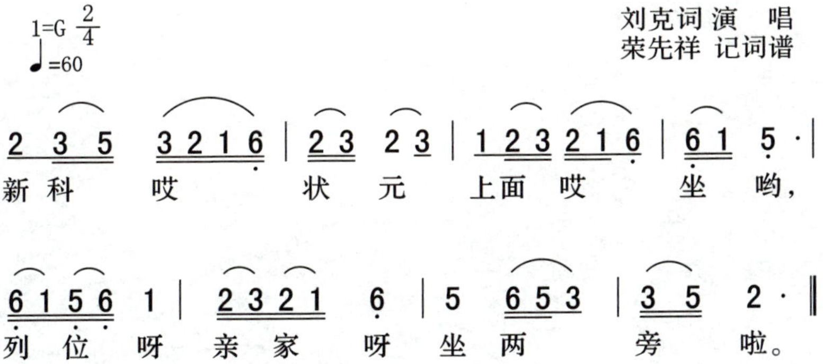

2 3 5 3 2 1 6 | 2 3 2 3 | 1 2 3 2 1 6 | 6 1 5 · |
新 科 哎 状 元 上 面 哎 坐 哟，

6 1 5 6 1 | 2 3 2 1 6 | 5 6 5 3 | 3 5 2 · ‖
列 位 呀 亲 家 呀 坐 两 旁 啦。

新科状元上面坐，列位亲家坐两旁。

明灯高挂七孔照，搭起御席贺新郎。

多福多贵从今起，多子多孙从此长。

陪十弟兄席上新郎向土家小伙询问土家结婚礼数

果然一期喜气事，满堂都是唱歌郎。

东边学生不开口，西边学生不作声。

我本无才贱坐下，顺手顺白乱奉冠。

这是几句素言语，唱在人前不上腔。

大众君子不见笑，列位歌郎展颜开。

十弟兄开台歌

1=G $\frac{2}{4}$
♩=60

阮竹萍 演唱
荣先祥 记谱
杨 会 记词

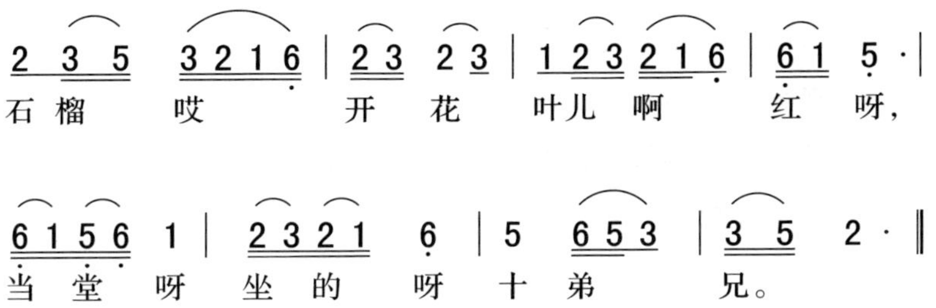

2 3 5 3 2 1 6 | 2 3 2 3 | 1 2 3 2 1 6 | 6 1 5· |
石 榴 哎 开 花 叶儿 啊 红 呀，

6 1 5 6 1 | 2 3 2 1 6 | 5 6 5 3 | 3 5 2· ‖
当 堂 呀 坐 的 呀 十 弟 兄。

石榴开花叶叶红，当堂坐的十弟兄。

十个弟兄都请坐，听我唱个开台歌。

说开台，就开台，开台歌儿唱起来。

得罪老的犹似可，得罪小的莫笑我。

金壶打酒银壶煨，我陪新郎喝双杯。

两人对唱的开台歌：

甲：石榴开花一口钟，今晚陪个十弟兄。

各位兄弟都请坐，听我唱个开台歌。

说开台，就开台，开台歌儿唱起来。

新打剪子才开口，剪起牡丹对石榴。

东剪日头西剪月，当中剪起梁山伯。

梁山伯与祝英台，二人同学读书来。
男读三年做文章，女读三年考秀才。
张秀才来李秀才，接我文章做起来。
青冈大树枝叶多，引得凤凰来做窝。
凤凰窝里开粮巢，弟兄口里好盘歌。
乙：你在唱，我在想，一想想到孟子上。
孟子见了梁惠王，文武出在诗书上。
讲得文来孔夫子，讲得武来杨家将。
才智过人小孟尝，兼文搭武诸葛亮。
三根杉树尖对尖，阳雀生蛋在天边。
哪个捡到阳雀蛋，人人叫他活神仙。
唱得高来接得高，半天云里耍双刀。
谁人接到双刀耍，文武官员都是他。

开台歌以“石榴开花一口钟”起兴，寓意红火团圆。“得罪老的犹似可，得罪小的莫笑我”，是一种谦虚的口吻。“青冈大树枝

陪十弟兄

叶多，引得凤凰来做窝”，是对在座弟兄的夸赞。然后引经据典，在烘托盛大喜事的同时又极力夸赞各位弟兄。歌词中套用祝英台、梁山伯、孔子、孟子、梁惠王、杨家将，是希望新郎姻缘美好，能文能武，聪明智慧。

开台歌唱完，就可唱《人之初》《十劝郎》等知识歌、劝郎歌和情歌。

人之初

正月里来是新年，韩湘子修行在终南；“人之初，性本善”，我劝世人多行善。

二月里来元宵过，商路和读书爱闯祸；“教不严，师之惰”，秦雪梅守寡慢慢过。

三月里来是清明，王宝钏住在破窑中；“曰春夏，曰秋冬”，薛仁贵封她为正宫。

四月里来四月四，祝英台读书人不知；“性相近，习相远”，梁山伯思祝害相思。

五月里来五月五，唐王跳在淤泥湖；“头悬梁，锥刺股”，薛仁贵打马来救主。

六月里来热茫茫，曹操领兵下江南；“百而千，千而万”，火烧藤甲败江山。

七月里来七月七，七岁安安来送米；“始发愤，读书籍”，可恨祖母无道理。

八月里来是中秋，张公九代家不分；“孙而子，子而孙”，张公百忍得金人。

九月里来是重阳，伯牙弹琴震江山；“八百载，至纣王”，妲己入朝败江山。

十月里来小阳春，王祥为母卧寒冰；“曰仁义，礼智信”，天赐鲤鱼跳龙门。

冬月里来落雪天，观音修行坐宝莲；“四百年，终于献”，普陀崖上朝神仙。

腊月里来雪满地，霸王自刎乌江里；“戒之哉，宜勉力”，韩信打马要回去。

《人之初》是一首非常有知识性、趣味性的十弟兄歌。歌曲把过去的启蒙读物《三字经》与历史上的文官武将、传说人物、著名孝子、贤妻良母天衣无缝地融合在一起，知识性、趣味性极强，歌词中的历史人物、传说人物与《三字经》所表达的语句搭配自然而贴切。如把传说中的八仙之一、风度翩翩的斯文公子韩湘子，与“人之初，性本善”关联在一处，并奉劝世人多行善，既有书的教民，又有人物的典范，让人增长了知识。歌词不断变换韵律，灵巧、生动、活泼。《人之初》可用开台歌曲调演唱。

十劝郎（曲调一）

1=F 2/4
♩=70

袁宗明 演 唱
荣先祥 记词谱

5 5 5 3 6 | 5 5 3 | 6·5 3 | 2 - | 5 3 5 5 |
正月里 是新 年 啰， 依 哟 吔， 劝郎要种

3 3 2 | 1 6 3 | 2 - | 2 3 5 | 2 3 2 1 6 |
田 啰， 哟 依 吔， 莫 贪 玩 耍

1 1 3 | 2 2 | 6 2 6 1 | 1 2 1 6 | 5 - ‖
闹 花 灯 啦， 误了 一年 春 啰，哟 吔。

正月里是新年，劝郎要种田，莫贪玩耍闹花灯，误了一年春。

二月里是花招，多多办粪草，田边地角要挖好，苗稼长得好。

准备交亲

三月里是清明，种子要播匀，土块大哒它不生，生起不均匀。

四月里立夏到，头道草要薅，薅草莫薅围根草，头道要破苗。

五月里是端阳，劝郎起早床，早起三早当一工，活路[①]渐渐松。

六月里是三伏，二道草又苦，薅草还要打锣鼓，吃烟又继续。

七月里是月半，劝郎学文章，多多学些好文章，来年下科场。

八月里是中秋，谷子到了手，早头夜晚田边走，照护[②]强盗偷。

九月里是重阳，谷子满了仓，十把钥匙锁仓房，锁起又稳当。

十月里下大雪，劝郎种豌麦，多多种些豌和麦，来年过荒月。

---

①活路：农活的意思。

②照护：小心的意思。

十劝郎（曲调二）

（高坪民歌）

杨富修 演唱
荣先祥 记谱
唐 芳 记词

1=G $\frac{2}{4}$
♩=56

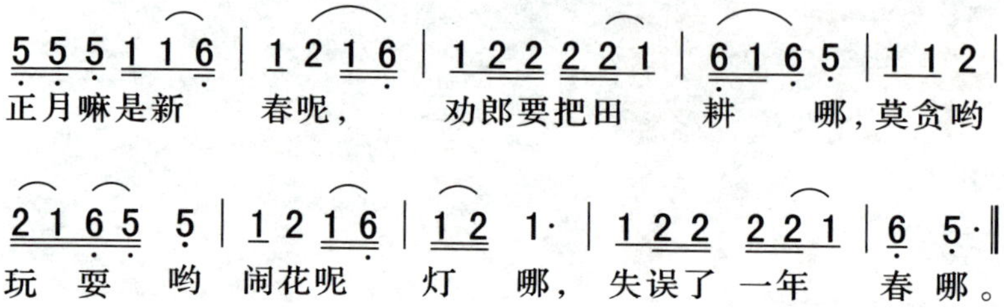

5 5 5 1 1 6 | 1 2 1 6 | 1 2 2 2 2 1 | 6 1 6 5 | 1 1 2 |
正月嘛是新 春呢， 劝郎要把田 耕 哪，莫贪哟

2 1 6 5 5 | 1 2 1 6 | 1 2 1· | 1 2 2 2 2 1 | 6 5· ‖
玩 耍 哟 闹花呢 灯 哪， 失误了 一年 春 哪。

正月里是新年，劝郎要种田，莫贪玩耍闹花灯，误了一年春。

二月里是花招，多多办粪草，田边地角要挖好，苗稼长得好。

三月里是清明，种子要播匀，土块大哒它不生，生起不均匀。

四月里立夏到，头道草要薅，薅草莫薅围根草，头道要破苗。

五月里是端阳，劝郎起早床，早起三早当一工，活路渐渐松。

六月里是三伏，二道草又苦，薅草还要打锣鼓，吃烟又继续。

七月里是月半，劝郎学文章，多多学些好文章，来年下科场。

八月里是中秋，谷子到了手，早头夜晚田边走，照护强盗偷。

九月里是重阳，谷子满了仓，十把钥匙锁仓房，锁起又稳当。

十月里下大雪，劝郎种豌麦，多多种些豌和麦，来年过荒月。

十劝郎（曲调三）

1=F $\frac{2}{4}$
♩=56

袁宗明 演 唱
荣先祥 记词谱

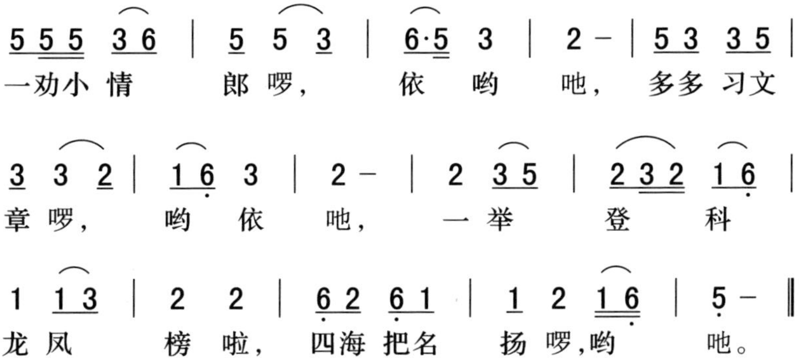

5 5 5 3 6 | 5 5 3 | 6·5 3 | 2 − | 5 3 3 5 |
一劝小 情 郎 啰， 依 哟 吔， 多多 习文

3 3 2 | 1 6 3 | 2 − | 2 3 5 | 2 3 2 1 6 |
章 啰， 哟 依 吔， 一 举 登 科

1 1 3 | 2 2 | 6 2 6 1 | 1 2 1 6 | 5 − ‖
龙 凤 榜 啦， 四海 把名 扬 啰,哟 吔。

一劝小情郎，多多习文章，一举登科龙凤榜，四海把名扬。倘若考中了，莫当马头照，吹吹打打好热闹，不忘奴娇娇。

二劝小情郎，切莫做词状，羊毛笔儿三寸长，是杆杀人枪。黑墨不要紧，落纸就生根，宁可救人不害人，留下活人情。

三劝小情郎，性子莫刚强，打死人了要命偿，切记要忍让。假如打坏人，抓进府衙门，三十大板九十棍，王法不留情。

四劝小情郎，男儿走四方，漂流浪荡在四处，切莫进艳坊。世上有妖精，几个有良心，花言巧语假殷勤，财亲义不亲。

五劝小情郎，弟兄有商量，和和气气度日光，多多做田庄。劝郎多种田，做在人家前，起早摸黑莫贪玩，一年当几年。

六劝小情郎，莫进赌博场，十个赌博九个光，输得田地荒。劝郎莫赌博，免得把家破，莫怪奴家不会说，免得受折磨。

七劝小情郎，莫把酒来贪，多喝三杯发癫狂，做事不稳当。倘若喝多了，惹下祸不少，酒色惹下祸来了，性命都难保。

八劝小情郎，家务你执掌，切莫大升小斗量，生下黑心肠。如若不相信，眼前有报应，远折儿孙近折身，无神却有神。

九劝小情郎，夫妻有商量，和和气气度日光，地久与天长。夫妻两个人，莫生两样心，要叫儿孙莫忘本，忘本不是人。

十劝小情郎，孝顺爹和娘，后头儿孙是一样，儿孙照样行。十劝都劝尽，奏本劝世文，不知小郎听不听，时时记在心。

十劝都劝完，都是好衷肠，句句话儿记心上，过后好思量。你把古今想，多少风流郎，败家就像水推浪，要做好儿郎。

《十劝郎》是一组劝郎不要贪玩耍，要好好种庄稼、努力学文化的优秀民歌，是陪十弟兄必唱歌曲之一。

曲调一、曲调二以一至十月为序，但和一般以月份为序的民歌大有区别。常见民歌内容与月份没有什么联系，但本歌所劝导的内容却与月份季节紧紧相扣。

首段开门见山“劝郎要种田”，不要贪玩耍。然后按照月份季节逐月细致地劝郎把握农活技巧，从种到管到收，详尽细致，可谓循循善诱、真切感人。劝郎歌不仅劝郎要勤劳致富，还要充分利用农闲，“劝郎学文章”“来年下科场”。

《十劝郎》曲调悠扬，如曲调三前两句配以衬词“依哟吔”，仿佛让人思索，第三句一字一拍，表达谆谆告诫，第四句紧紧相随，再次配以衬词“啰哟吔”强调其重要意义，很有感染力。

曲调三以数字为序，每一劝展开为两段，多角度劝导小情郎：习文章，不害人，多忍让，莫花心，莫贪玩，勤种田，莫赌博，莫贪酒，讲公平，爱家庭，重孝顺。整首歌循循善诱，真切感人。

在陪十弟兄中，除唱劝导歌外，还唱一些表达爱情的民歌、立志的民歌。如：

送 庚 书

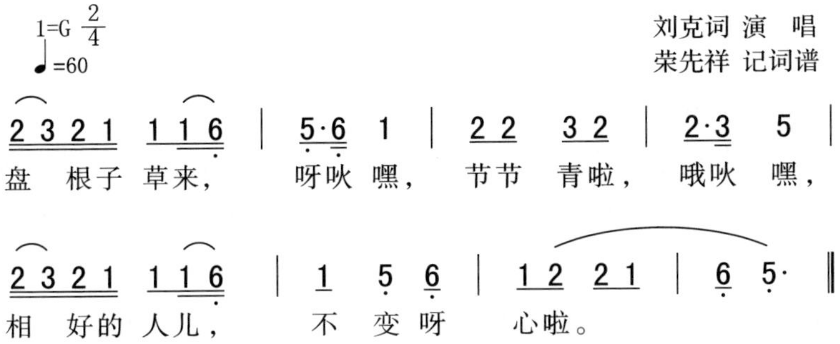

1=G $\frac{2}{4}$

♩=60

刘克词 演 唱

荣先祥 记词谱

2 3 2 1 1 1 6 | 5·6 1 | 2 2 3 2 | 2·3 5 |

盘 根子 草来， 呀吠 嘿， 节节 青啦， 哦吠 嘿，

2 3 2 1 1 1 6 | 1 5 6 | 1 2 2 1 | 6 5· ‖

相 好的 人儿， 不 变 呀 心啦。

盘根子草来节节青，相好的人儿不变心。

要学那竹子节节青，张家的人儿去接亲。

要学那松柏万年青，莫学那杨柳半年青。

莫学那灯笼千个眼，要学那蜡烛一根芯。

送 庚 书

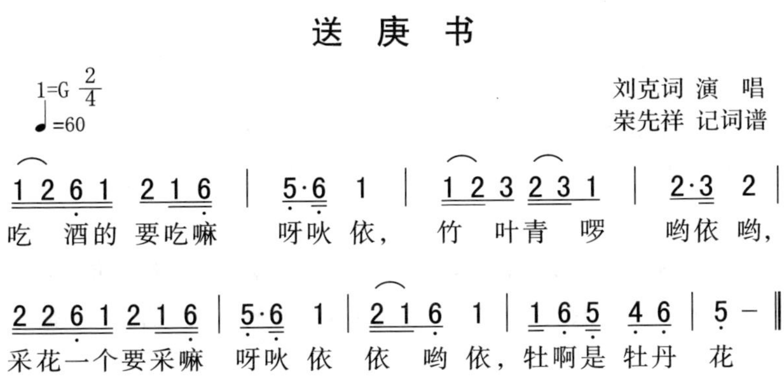

1=G $\frac{2}{4}$

♩=60

刘克词 演 唱

荣先祥 记词谱

1 2 6 1 2 1 6 | 5·6 1 | 1 2 3 2 3 1 | 2·3 2 |

吃 酒的 要吃嘛 呀吠 依， 竹 叶青 啰 哟依 哟，

2 2 6 1 2 1 6 | 5·6 1 | 2 1 6 1 | 1 6 5 4 6 | 5 – ‖

采花一个要采嘛 呀吠 依 依 哟 依，牡啊是 牡丹 花

吃酒要吃竹叶青，采花要采牡丹花。
好酒越吃越有味，好花越采越新鲜。
莫学广椒红脸脸，莫学花椒黑了心。
莫学筛子千个眼，要学蜡烛一条芯。
莫学天上那朵云，酉时下雨卯时晴。
莫学江边胡椒草，漂了一层又一层。
莫学杨柳半年青，要学松柏永长青。

送庚书是土家人传统婚嫁习俗的一个环节。男女双方认识并基本满意后，挑选一个吉日良辰，男方将自己的生辰八字送到女方家，女方请内行把男女二人的生辰八字进行分析比较，若没有所谓的大忌，就叫八字相合，会通知男方择日来拿八字。男方来拿八字这一天，女方摆酒席款待男方来客和自家亲朋好友，整个过程叫作送庚书，在交接八字时演唱《送庚书》。后来在陪十姊妹、陪十弟兄等场合也经常演唱，祝福味道甚浓。

《送庚书》这首歌从正反两面进行比喻，希望一对新人不要学辣椒外美心辣，不要学筛子心眼太多，不要学云层晴雨无常，不要像杨柳青绿一阵，要像松柏一样永远苍翠，要像蜡烛一样永结同心。

姨妹妹歌

阮竹萍 演唱
荣先祥 记谱
杨　会 记词

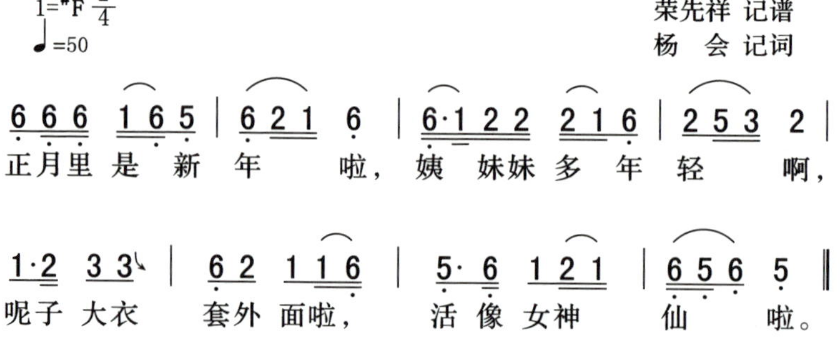

1=#F 2/4
♩=50

6 6 6 1 6 5 | 6 2 1 6 | 6·1 2 2 2 1 6 | 2 5 3 2 |
正月里 是 新 年 啦，姨 妹妹 多 年 轻 啊，

1·2 3 3 | 6 2 1 1 6 | 5· 6 1 2 1 | 6 5 6 5 ‖
呢子 大衣 套外 面啦， 活 像 女神 仙 啦。

正月里是新年，姨妹妹多年轻，呢子大衣套外面，活像女神仙。姨妹妹生得好，姨妹妹多乖巧，眉毛弯弯一脸笑，说话鹦哥叫。

二月里百花开，姨妹妹好人才，生得不高又不矮，活像祝英台。姨妹妹爱打扮，身穿绫罗缎，金子浑身放豪光，越看越好看。

三月里是清明，姨妹妹多爱人，高跟皮鞋小项链，走路响沉沉。一走客堂间啦，二走响二声，走路响皮像铜铃，打扮观世音。

四月里是立夏，姨妹妹在绣花，身上绣起牡丹花，外搭一丝麻。花儿嘛绣得好，绣一个珍珠包，上绣金丝把线包，下绣灵芝草。

五月里船下河，姨妹妹放婆婆，只怪媒人最会说，讨一杯淡酒喝。姨妹妹好又强，找一个好地方，平原大坝一瓦房，好看不好看。

六月里三伏天，松紧鞋子做两双，姨妹妹好又强，合样不合样。鞋子紧紧上，做一个正脚弯，松紧鞋子做两双，打发情哥穿。

来到七月七，婆家来报期，手拿金钱人民币，姨妹妹你捡起。哥哥把话圆，差人把茶放，宜早就把期来看，看到个腊月间。

八月是中秋，准备下汉口，准备去买花枕头，日子不太久。茶壶买一个，盅盅买几筛，热水瓶子买二个，蚊帐买一床。

来到九月九，日子慢慢走，嫁妆不知打几个，还才起个头。衣柜打一口，站柜打一双，外搭一口花衣箱，还打笔杆床。

十月里小阳春，时间来得急，叫声妈妈对不起，不久就要去。进了别人的门，总要麻烦些，喂猪弄饭要过细，还是各人的。

腊月里二十一，男方来过礼，哥哥嫂嫂办得好，切莫忘记了。姨妹妹听我说，一定要听话，出门切莫朝后望，脚要忙忙拿。一更鸡叫起，叫声帮忙的，快搬桌儿筷捡起，准备要调席。

腊月二十四，姨妹妹心又愁，双手抓紧妈妈手，我马上就要走。屋里鞭炮响，外面的锣鼓声，哥哥妹妹把头点，结成一双人。

《姨妹妹歌》叙述了一个聪慧美丽的土家姑娘——姨妹妹，从提亲到出嫁的全过程。透过这首歌，我们可以比较全面地了解土家婚嫁的独特习俗。

歌曲首先描写姨妹妹惊人的美丽：俊俏的长相、华丽的打扮和精巧的绣艺。再写姨妹妹出嫁前的准备：媒人提亲、家境不错、做鞋两双、定情情哥。然后写在男方报期后，全家为姨妹妹出嫁精心准备嫁妆，以及家人对姨妹妹的关爱嘱咐。最后写姨妹妹在难舍难分中隆重出嫁，“哥哥妹妹把头点，结成一双人”。

五更金鸡叫

黄宗平 演唱
荣先祥 记谱
杨　会 记词

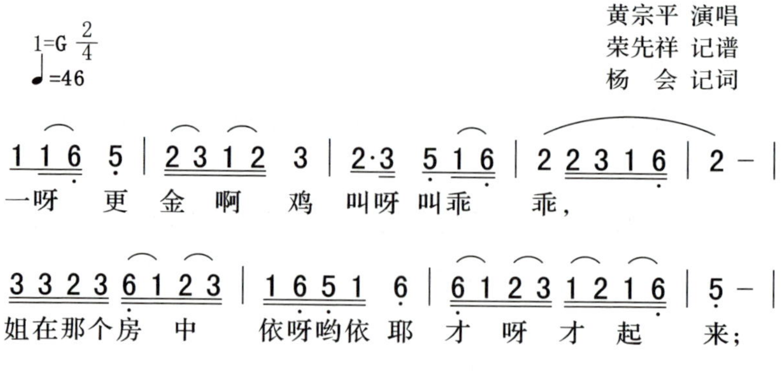

1=G 2/4
♩=46

1 1 6 5 | 2 3 1 2 3 | 2·3 5 1 6 | 2 2 3 1 6 | 2 - |
一呀 更 金 啊 鸡 叫呀 叫乖 乖，

3 3 2 3 6 1 2 3 | 1 6 5 1 6 | 6 1 2 3 1 2 1 6 | 5 - |
姐在那个房 中 依呀哟依 耶 才 呀 才 起 来；

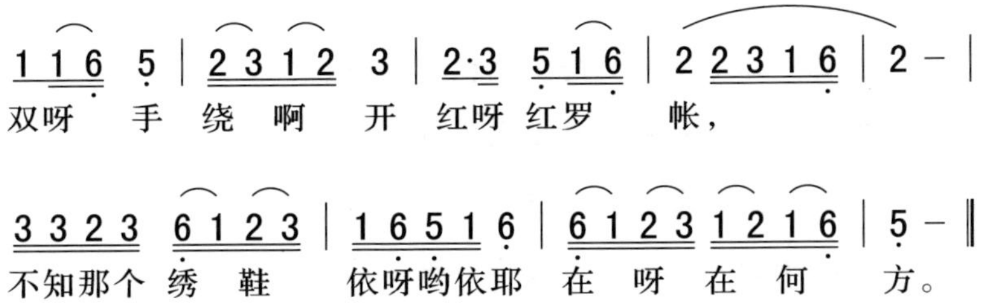

1 1 6 5 | 2 3 1 2 3 | 2·3 5 1 6 | 2 2 3 1 6 | 2 - |
双呀 手 绕 啊 开 红呀 红罗 帐，

3 3 2 3 6 1 2 3 | 1 6 5 1 6 | 6 1 2 3 1 2 1 6 | 5 - ‖
不知那个 绣 鞋 依呀哟依耶 在 呀 在 何 方。

一更金鸡叫乖乖，姐在房中才起来；双手绕开红罗帐，不知绣鞋在何方。

二更金鸡叫依依，姐在房中在穿衣；上身穿起红丝袄，下身穿起水罗裙。

三更金鸡叫悠悠，姐在房中在梳头；左边梳起盘龙卷，右边梳起狮子滚绣球。

四更金鸡叫喳喳，姐在房中在插花；左边插起芦丝草，右边插起牡丹花。

五更金鸡叫天明，姐从房中走出门；姐儿出门一身新，实在爱煞几多人。

《五更金鸡叫》是一首赞美女子精心装扮的民歌。歌曲以五更时间为序，描述了姐儿起床、穿衣、梳头、插花等一系列精彩细节，其动作优雅、技巧娴熟、搭配和谐。当晨曦初露，姐儿出现在人们面前时，真不知“爱煞几多人”！曲调婉转悠扬，令人赏心悦目。

陪十弟兄结束时，由开台人唱《下席歌》和《圆台歌》。

下 席 歌

一张桌儿四角方，红漆椅子四角放。
上边坐的唐天子，下头坐的徐穆公。
左边坐的秦叔宝，右边坐的尉迟恭。
只有罗成无处坐，手提壶瓶把酒斟。

斟酒一杯无言语，酒斟二杯话不停。
酒斟三杯把罗帐，唐王才把梦来讲。
昨晚三更得一梦，日出东方点点红。
四下飘飘影无踪，三岁孩儿千年价。
谁能保护去征东？徐茂公，把梦圆。
日出东方正在东，四下飘飘送别人。
三岁孩儿是能人，他能保护去征东。

圆 台 歌

四川下来三个庄，不种谷子种高粱。
吃酒要吃高粱酒，唱歌要从高起手。
你一首，我一首，唱到月落鸡开口。
一对凤凰飞出林，一对喜鹊随后跟。
凤凰喊得花结果，喜鹊喊得果团圆。
花结果，果团圆，花果团结万万年！

用《下席歌》和《圆台歌》来结束陪十弟兄，准备迎接新娘的到来。《下席歌》与《开台歌》呼应，《开台歌》用“青冈大树枝叶多，引得凤凰来做窝”，对陪十弟兄的歌手们予以赞赏，《下席歌》以古人喻今人，称赞十弟兄，再以“你一首，我一首，唱到月落鸡开口”来结束这欢乐的场面。

十五、贺喜匾、升喜匾

土家婚俗中男子结婚，男方的主要亲戚和最要好的朋友，要给新郎贺喜匾。过去，在没有玻璃的年代，喜匾一般用木材制作。把木板合成长宽尺寸不离八数的长方形，刷上红漆，雕刻或写上“佳偶天成”一类的祝辞，在右上角题写“某某新婚志喜”一类的题字，左下方题写“某某亲友同贺”一类的题字。后来有了玻璃，就

升喜匾

大多用玻璃匾。里面装饰《喜鹊闹梅》字画或“花好月圆”一类的祝辞，或剪一个大双喜贴上。现在，也有家庭条件好的送软匾。软匾，即是用高级毛毯或装饰挂毯制成的。送匾，大多是男家的姑爷客。送匾时，邀约很多的亲朋参与。送匾的人还请有专门的乐队，乐队演奏的乐器主要由唢呐、鼓、锣、钹、勾锣等打击乐器组成，一路上锣鼓喧天，很是气派。匾则固定在木椅上或小方桌上，在椅子或方桌两边绑上两根木杆，由两人抬着。喜匾送到新郎家时，东家要用鞭炮迎匾。在锣鼓声和鞭炮声中，由礼生把匾先放在祖先牌位下方的镶桌上。然后，送匾的人都站在堂屋中，由礼生主持升匾仪式。升匾时，香案上点上蜡烛，香案边放两张木梯。礼生正对祖先牌位，另外两人持匾，礼生高诵升匾辞，如：

天地开张，日吉时良。贵亲府上挂喜匾，卑亲舍下把匾升，说起匾来有根源，说起匾来犹似可。生在何方？长在何处？何人得知？何人得见？是张郎鲁班二人得见，又是张郎鲁班二人得知。张郎前面拿斧砍，鲁班后面把尺量。大尺量三丈三，小尺量九丈九。取一节雕了金字匾牌，金字匾牌挂金朝，手提金匾上云梯。

上一步天长地久，上二步地久天长，上三步荣华富贵，上四步金玉满堂，上五步五子登科，上六步六合同春，上七步七星高照，上八步八大金刚，上九步九起黄河水（或久久长情），上十步万代荣昌。

金匾挂东头，风吹燕儿楼。金匾挂右边，右边也呈祥，子子孙孙做院士。金匾挂得高，子子孙孙穿衮袍。金匾已挂毕，一步跳下九龙梯，礼炮三声响，喜匾挂中堂，人财两旺万代昌！

持匾的人在礼生的祝颂中一步一步登梯，把匾挂好。匾额要向前倾斜固定。

十六、发亲

结婚当天的上午，女方要举行隆重的发亲仪式。其仪程为：

都管在女方的家神前燃烛焚香，宣告准备发亲，并向男方交接嫁妆，男方依次将嫁妆抬到大门外场坝中绑扎好。

新娘辞拜祖先

新娘行甩筷礼

然后接新娘出闺房辞香火（由送亲的人接引，一般是姑姑、嫂子）上轿，接亲娘子站在旁边。

新娘在送亲人的引导下，来到堂屋中间，站在一把斗上，向家神行礼，辞拜祖先。然后转身向外，由礼生给新娘递上筷子（一般为一手六双或八双）行甩筷礼。礼生念颂辞，如：

> 脚踩金斗四角方，手拿金筷十六双。前面八双随我去，我有吃来我有穿。后面八双给兄弟，多多挣些钱和米。

礼生诵前两句，新娘向前甩八双筷子；礼生诵后两句，新娘向后甩八双筷子。

甩筷子后，由新娘的哥哥背着新娘，娶亲娘子撑开露水伞，将新娘背到喜轿边。现在年轻人多为独生子女，加上交通方便，很多人选择娶登门亲，新郎随队接亲，背新娘上轿的哥哥改为新郎。有些地方，娶亲娘子还在上轿时念诵祝辞，如高坪镇苏坪村二组田宗英在别人娶亲、新人上轿时念的祝辞：

> 主人财门大大开，金银财宝滚进来。滚进不滚出，滚得一满屋。一道喜，二道台，金银财宝滚进来。炮响天地震，奉请姑娘出龙门。脚行一步天长地久，脚行二步地久天长，脚行三步来到中堂，先辞东主后辞爹娘。陪到哥嫂取回鸳鸯，鸳鸯成对，凤凰成双，成双成对双凤朝阳。

在新娘上轿前，还要先在喜轿中放上一包米，即压轿米，预示新娘跳到米窝窝去了。新娘上轿，即正式发亲。发亲队伍的顺序大致为抬嫁妆队伍、迎亲牌、旗手、吹手、打锣者、新娘花轿、送亲人花轿、轿夫子（娶亲娘子），都管、媒人、押礼先生前后照应。

辞拜祖宗后，新郎背新娘上喜轿

辞香火的仪典很有文化内涵。新娘辞别祖先，表达了对祖先的敬仰与深深感恩，告慰祖先从此即是别家人，不能承继香火，祈求祖先保佑。“踩金斗”，祈盼成家后金银满斗，生活富裕，站上金斗，脚不落地，预示不带走娘家的财气。“甩金筷”，祝愿去婆家后有吃有穿，又祝娘家钱米丰盛，同时，“筷子”还预祝自己早生贵子——筷子、筷子，快生贵子。

土家族辞香火上轿仪式有一个禁忌，即转身后不能再回头看，意味着要到别人家了，若转身后回望，就会穷后家和坐不稳家。上轿之后就不能再哭，若再哭，则对娘家不利。

十七、拦车马

拦车马的仪式很庄重肃穆，由端公（也叫土老司）来主持。

喜轿抬到离男家屋旁四五十米的地方停下来，端公支上一张八仙桌，在桌上放一把大斗，斗里放上一杆秤、一个包头。用一个盘子盛着大米，用一个敬酒杯盛八分白酒，由礼生拿着一只公鸡。放秤，寓意“定心”“称心如意”，因做秤时要定星，取谐音。同时，过去的老秤是十六两制，由北斗七星（天枢、天璇、天玑、天权、玉衡、开阳、摇光）、南斗六星（天府、天梁、天机、天同、天相、七杀）加上福、禄、寿一共十六颗星组成，十六星代表十六两。放秤，代表全福全寿全喜。放包头，寓意新娘高贵，因过去包头是地位高贵或家庭极富有的人才戴的。

准备就绪，花轿抬至桌前，端公示意喜轿停下，开始回神。

端公拿过公鸡，左手捏住鸡的双翅，右手握紧鸡冠把鸡喙浸入酒中后拿起，将鸡冠掐破，将鸡血点上轿檐轿顶，然后将鸡递与旁边的礼生。

随后，开始祭酒、撒米、念祝辞等。端公念：

一撒天长地久，二撒地久天长；
三撒荣华富贵，四撒金银满堂；
五撒五子登科，六撒六百丞相；
七撒七星高照，八撒八仙过海；

端公主持拦车马仪式

九撒恶神永藏，十撒状元赴堂！

四面八方都撒高①，男女结成万万年！

端公念完，仪式结束。礼生迅速将桌子抬到旁边，轿夫抬起花轿至大门外，正对大门，准备迎亲，送亲客（高亲）则在原地等候，待圆亲后由男家迎进。

十八、铺床

在土家族婚俗中，新房铺床是一个喜庆氛围浓郁而庄重的仪式。铺床的人，必须由儿女双全、夫妻和睦、孝顺双亲、能说会道、持家有方、德福双修的中年妇女担任。

结婚前，男方将已打好的新人床放入新房中，不准使用，包括新郎自己。结婚当天，娶亲队伍的蚊帐、嫁妆是走在前面的，这主要是为了嫁妆提前到达，好布置房间。嫁妆到后，要唢呐高奏，燃放鞭炮，迎接嫁妆。新娘的帐子、被子，由铺床人亲自抱到房中。

待被子全部抱进后，铺床人要首先看有多少垫的被子、多少盖的被子、多少床单、哪条床单最漂亮，然后两个人计划好垫多少床、铺什么样的床单、床上码放几床被子、怎么套花色码放。因为铺床要一次铺好，不能重来，重来就犯忌了。所以，铺床的人还得有点艺术眼光。

计划好了，便开始铺床，而且还要念颂辞，边念边铺。念诵的祝辞如：

铺床铺床，金玉满堂；
先生儿子，后生姑娘；
生的儿子上学堂，生的姑娘进绣房。
铺床铺床，金玉满堂；

---

① 撒高：撒遍、到处都撒到的意思。

先生儿子，后生姑娘；

生的儿子做宰相，生的姑娘进绣房。

铺床铺床，新婚吉祥；

喜结连理，恩爱相伴；

早生贵子，百年同欢！

铺床铺床，新婚吉祥；

早得贵子，百年同欢！

铺床铺床，金玉满堂；

先生儿子，后生姑娘；

生的儿子志在四方，生的姑娘温柔贤良！

铺床铺床，婚姻美满；

生的儿子会写文章，生的女儿赛过郎！

铺床铺床，金玉满堂；

育儿有担当，养女有福享。

铺床铺床，金玉满堂；

为新人铺床

儿女成双，五世同堂。
铺床铺床，金玉满堂；
今日结缘，一生相伴；
儿孙满堂，幸福吉祥！

高坪土地岭一带铺床的念辞：

铺床铺床，喜气洋洋；
今年有喜，明年有人送祝米；
三挑鸡子两挑米。
旁边一园竹，明年娃娃哭；
堂前一枝花，明年娃娃喊家家。

铺床，有的地方叫抖床。铺床的人都有红包，是女方准备的，一般藏在花铺盖的四只角里。铺床的人通常会知道红包藏在什么地方，红包是一人一个，这是女方的心意。

铺床时，严禁说不吉利的话。所以，铺床时一般不让许多人进新房。特别会注意不让不懂事的小孩进新房，以免说“羊口风”，即不经意说些不吉利的话。

十九、圆亲

花轿抬到大门外，两支唢呐奏起迎亲调，场坝边响起“万字头”的鞭炮，堂屋里香案上点上红蜡烛，新郎靠右手边等候着。

两个圆亲娘子，打开轿帘，轿夫抬起后轿杆，使轿前倾，好让新娘跨过横杆。

圆亲娘子的选择是很有讲究的，她们是本地很有名气的妇女，人要长得好，要儿女双全，要家庭富有，要孝敬双亲，要能说能做，要邻里和睦、夫妻恩爱。总之，是方圆左右都对她竖大拇指的人才能担任，所以，圆亲娘子要管本寨本村甚至外村人的圆亲事宜。

新娘跨马鞍

圆亲娘子打开轿帘，扶着新娘，在悠扬高亢又喜庆的唢呐声中，缓缓地向前，进行跨马鞍、跨火盆等仪式。

跨马鞍仪式，是在轿前方摆上一个马鞍，上面铺盖着红绸布，寓意马上平安。新娘先踩右脚跨过马鞍，同时，礼生念诵祝辞，如：

> 一块檀香木，雕成金马鞍。
> 新人跨过去，一生保平安！

跨过马鞍再缓缓向前，跨过火盆，寓意红红火火，同时，也表示可以通过跨火盆，烧掉一切秽气。跨火盆时，礼生念诵祝辞：

> 火盆红火旺，跨过火盆进玉堂。
> 新人跨火盆，红红火火万年长！

跨过火盆，缓缓向前，跨过大门。新娘跨过大门时，用脚蹬一下门槛，寓意以后要封口、永不拌嘴。同时，也表示新娘来一点下

新娘跨火盆

马威，意思是“我来了”“我不是好欺负的”。

新人进大门时，有的地方也有祝辞，如：

三炷高香入内插，恭喜新科好荣华。荣华富贵样样有，代代儿孙满发达。门上对联二面贴，左边贴的秦叔宝，右边贴的穆将军。左青龙，右白虎，青龙白虎对财门。我一步来到堂屋门，虎皮椅子四面交，红木椅子二面摆。紫木桌子摆中心，堂屋里点起龙凤烛。喜洋洋，笑洋洋！我两步来进新人房，新人房里好嫁妆，左边摆的箱和椅，右边摆的椅和箱。上面四床摆中央，两边打的龙床柱，当中打的凤成双。一床铺盖折得轻，费了父母一番心。娘家打发到婆家，早生贵子跳龙门。一床毯子四个角，四角里头装喜鹊，喜鹊生喜蛋，不做皇帝也做官。

跨过大门，新郎在右边拉上新娘的手，到祖先牌位处去敬礼。敬礼的位置必须是在堂屋中柱前的位置（土家吊脚楼正屋有五根柱头、七根柱头、九根柱头的屋架）。

新娘新郎敬礼也是有趣和有讲究的。向祖先牌位敬礼，有一个抢先敬礼的习俗，认为谁先敬礼，谁以后就是当家人。所以，很多机灵的新娘，总是抢在新郎前敬礼。有的新娘看到新郎抢先了，则直着头不敬礼，以示“抗争”。新娘在出嫁前，母亲或嫂嫂等总是会叮嘱新娘，一定要把握好时机抢先敬礼。

敬礼后，新郎新娘并行，进入新房。

在土家族婚俗中，除了拜堂抢敬礼的仪式，也有行拜天地、拜高堂、夫妻对拜礼数的。

新娘走到堂屋中堂站定，礼生高声诵道：“一拜天地，二拜高堂，夫妻对拜！”新郎新娘三拜结束，一个礼生端上红盘，里面装上一杆秤，另一个礼生把秤递与新郎。新郎用秤杆挑起新娘的红盖

夫妻对拜

新郎在礼生的颂辞中用秤杆挑盖头

头，放入盘内。挑盖头时，礼生（或都管）念诵：

秤杆星，秤杆亮，秤杆一伸挑吉祥！
有请新郎用这秤杆之星，挑出两府的吉星高照，
挑出美满夫妻的美满前程！
左一挑，称心如意；
右一挑，隽秀端庄；
中间一挑，挑出一个芙蓉出水配成双！

在堂屋敬完祖先，夫妻二人进入洞房，交亲娘子只送到新房门口，不进房间。过去有一个抢床的习俗，郎在右、女在左，看谁先坐正中间，寓意谁坐在正中间，谁以后就当家作主。新娘新郎抢床后，由童男童女端来洗脸盆，让新娘新郎象征性地洗脸洗手，新娘新郎礼成后，童生把水端出，让全家人象征性地洗一下，叫“洗和气脸”，寓意今后全家人和和气气。

洗手礼毕，童男童女端出交杯酒、交杯茶，让新郎新娘交杯而饮。有的地方还有礼生念诵交杯茶祝辞：

茶是茂山茶，茂山青里发，落在绣房内，一杯状元茶。

金丝茶儿一头重，四面八方不漏风。新郎新娘喝了这杯茶，后生儿孙满发达。

饮后，要在盘子里放上给童男童女的红包。

圆亲仪式结束，婆婆或嫂嫂进入新房。新娘把箱子、柜子的钥匙交给婆婆或嫂子，让他们开锁，寓意是一家人了，同时，也是让婆家看看丰盛的陪嫁物品。开了锁，婆家还要给新娘红包。

完成上面的仪典，圆亲仪式圆满结束。

二十、迎高亲

圆亲仪式结束，待圆亲的鞭炮声响完后，开始举行迎高亲仪式。

燃起鞭炮，奏起迎亲曲，一个礼生去高亲客[①]面前，鞠一个躬，把高亲迎进堂屋。高亲进堂屋后，揭开右边情凳（长凳）上的毯子，拿上毯子底下给高亲的红包，然后把毯子叠起坐在情凳上。都管喊："装烟，倒茶啊！"再把高亲请到一个房间里面休息。

迎高亲也是有讲究的，看一个人是不是称职的、懂礼节的高亲，是看其进门后的动作。懂礼仪的高亲，进门后，走到情凳边，揭起红毯，拿起红包，然后叠起红毯，不直接坐在红毯上；而不懂礼节的高亲，进去后，不揭起红毯取走红包，或直接坐在红毯上，就会招人笑话，丢了新娘娘家的面子。因过去的红毯是纯毛虎毯，毛毯上面绣一只大老虎，这种专门用于礼仪仪式的红毯，不是家家都有的，大户人家才有。哪家过事，要拿着礼物、红包借来用，所以珍贵，不能坐在上面。同时，女人也不能坐在老虎身上，因为土家人的图腾便是白虎。

二十一、新婚宴席高亲客发新娘粑粑

迎高亲后就要开席宴请宾客。

迎亲后的开席也是有讲究的。第一排席，是请帮忙的人先坐席，因为帮忙的人辛苦。都管要安排他们先坐，让高亲客给他们发新娘粑粑。新娘粑粑是新娘家陪嫁的东西，是用来压箱子、柜子的，也是新娘给男方的见面礼品。粑粑用大米或白玉米浆做成，上面点有红色梅花图案。看女方大不大方、富不富有，客人就看这粑粑的大小和给每个人发多少个。

席摆好后，礼生会把高亲客请进新房，从箱子里拿出粑粑，用瓷盆或筛子装着，端出来给帮忙的人发粑粑。帮忙的人用双手接过粑粑，装进口袋，带回家里让家里的人也沾沾喜气。帮忙的人一回

① 高亲客：指送嫁的娘家人。

家，那些小孩子便高兴得不得了，因为，一定有粑粑吃了。发粑粑时，能说会道的高亲会发言致意，说一些感谢的话。说得帮忙的人满面红光，忘了去娶亲时的一些“下作”待遇（因过去娶亲的人在女方家不能先坐席，要等女方客人吃完以后才能吃，如给厨房的利是不够，还会吃剩菜和半冷不热的饭）。帮忙的人坐席了，然后才是宾客坐席，也都会有新娘粑粑。

二十二、回门、吃回门酒

宴席结束，新娘就要在新郎的陪伴下回门。回门，即回娘家看望娘家的人。回门时男方要给女方的父母安排茶食，离娘家近的就在当天回门，当天去当天要回来。高亲客在男方家留玩，等吃回门酒的客人来后一起回去。新娘新郎回门后，女方的主要亲戚会同新郎新娘一起来，叫“送姑娘吃回门酒”。送姑娘时，当妈的不能送，因为娘家主妇不能离家，由父亲、叔叔、伯伯、嫂嫂、哥哥等亲族送。若路程遥远，则第二天一早回门，晚上回来。高亲客在男方过夜，第三天回去，因在本地有习俗，结婚后三天，新房不能空房。送亲客和吃回门酒的客人回去的那天，要举行陪高亲仪式，男方的叔郎伯爷等主要亲戚到场，按同等辈分陪高亲坐席敬酒，让两家亲戚都能相识。

二十三、穿鞋子、吃“敬茶”

在结婚宴席结束后，主要亲族坐在堂屋中，新娘拿出在娘家做好的布鞋送给主要亲族。送的时候，男方都管会逐一向新娘介绍称呼什么，新娘则会恭敬地叫上一声，敬一杯茶，送上布鞋，对方接过鞋子后，会给新娘一个红包。给了红包，穿了鞋子，意味着长辈接纳了家庭族房里的新成员，新娘认了长辈们。同时，这布鞋是新娘在娘家做的，长辈们从鞋的质量上能看出新媳妇的手艺，所以，这做的布鞋，都如工艺品一般。现在，有很多新娘用给红包取代了穿鞋子。

二十四、谢媒人

陪了高亲，还要专门安排一席陪媒人。俗话说“天上无云不下雨，地上无媒不成婚”，新娘结婚时，媒人就叫红叶先生，娶亲时，红叶先生必须和娶亲队伍到女方家去。而且，还要有一个陪红叶先生的人，叫陪红。为什么媒人叫红叶先生？有的说是在很久以前，有一对土家青年男女坐在一棵树下对歌恋爱，互相倾心，愿结百年之好。姑娘说：“我们用什么做媒证呢？”这时，微风吹送，树枝摇曳，飘下一片红红的叶子，落在二人中间，男儿高兴地说：“我们就用这片红叶做媒证吧。”从此，红叶就成了媒人的代名词。陪十姊妹开令辞中就有“树上飘下红叶，白鹤来助新郎”之语。

在建始县民间，流传着这样一个故事：[①]

> 相传好多年以前，有个年轻的秀才进京赶考，一连走了好几天，不晓得是走累了呢，还是什么原因，突然感到头昏眼花，四肢瘫软，他就朝路旁一棵枫香树身上一靠，没想到这一靠就人事不省哒。等他一觉瞌睡醒来，睁开眼睛一看，哪门各[②]睡在一间茅草屋的床上。这时，一个长得很标致的女伢子，端一碗热腾腾的小米稀饭送来，考生不晓得怎么搞才好，慌忙接住，痴呆呆地望着女伢子，“趁热喝吧!”女伢子微笑着说。“你我无亲无故，为何这等招待？”考生这一问，女伢子的眼泪就打起转转来哒，啄起脑壳[③]不作声。原来，这女伢子的父母被当地恶霸逼债逼死哒，女伢子左无亲右无邻，逃到这山里，搭个茅草棚，安下身来。今天一早她上山挖蕨菜，路过枫香树，见

① 侯明银编：《建始民间故事》，武汉，湖北人民出版社，2006。

② 哪门各：怎么。

③ 啄起脑壳：低着头。

睡着一个人，以为是个流浪的人病了，十分同情，便把他背到茅草棚里，放到柴棍子搭的床上。这秀才喝了热稀饭，感激不尽，掏出两锭银子递给这女伢子，女伢子硬是不收，秀才只好起身赶路，可是两脚趴如泥，站不起来，只好暂时住下来。过了几天，两人有了感情，决定结为终身伴侣。拜天地的时候，一片鲜红的枫叶，飘到他俩面前打转转，既不上升也不落地。他俩同时捧住了这片红叶子，用手帕好生生地包住。秀才赶到京城没费吹灰之力考取哒，被封为知府官。任职就位这天，他把这女伢子接了去，举行正式婚礼。洞房花烛，宾客盈门，都问他们是怎么认得的，谁做的媒。他俩笑着，拿出了那片鲜红的枫叶说道:“是红叶做的媒。”后将红叶放在镶桌上，恭恭敬敬地向红叶鞠了三个躬表示谢媒。

从那时起，直到现在，土家人把媒人称为“红叶”。

陪红叶先生的宴席，由新郎父亲、伯伯、叔叔等陪席。酒席上，主人家对媒人千恩万谢，感谢媒人跑腿说合。过去，有俗语说“新人接进房，媒人撂过墙”，这只是戏说，其实，过去在整个婚姻缔结的过程中，媒人是至关重要的。酒席上，推杯换盏，主人家对媒人是百般殷勤。媒人也为说合了一桩婚事而高兴，大块吃肉，大碗喝酒，充满了自豪和骄傲。酒席过后，要给媒人送上“打发”，鞋袜是少不了的，布鞋由新娘做，袜子由男方买。新娘在娘家时已准备好布鞋，只是女方不谢媒，鞋子带到婆家来，由婆家送给媒人。随着人们生活水平的提高，现在，主人家不仅会送鞋袜给媒人，而且还会送上好的衣服。有的家庭，生了小孩，还要拿着茶食，去感谢媒人。

现在很多人自由恋爱，无需媒人提亲，但按土家婚俗，即使是自由恋爱，结婚时也得找个媒人，去女方家认亲报期。结婚时，要有个媒人在场。

二十五、整祝米酒

土家族姑娘出嫁后生了小孩，在出生的第二天，女婿提上一只鸡（若是男孩就提公鸡，若是女孩就提母鸡）、一挂鞭炮到岳父母家报喜，走进堂屋将鸡放在桌上，点响鞭炮后喊："亲爹亲娘，报喜哟。"岳父岳母看见桌上的鸡，就知道女儿生了男孩还是女孩。岳父岳母要给女婿打发猪蹄、母鸡、鸡蛋等让女婿背回去。第三天，岳母到女婿家给外孙洗澡，也叫"洗三"。然后，双方父母商定吉日整酒打喜，一般时间在小孩出生满三十天那一日，俗称"满月酒"，也叫整"祝米酒"。

到了约定的这一天，岳父岳母邀约亲族本房筹备礼物同到女儿家"做家家（方言念：gā gā）"，也叫"送祝米"，少则数十人，多的上百人。百十人挑着担子，抬着抬盒（专门用于打喜时装礼品的木盒，分多层），浩浩荡荡，十分有排场。担子和抬盒里装着衣帽鞋袜、被窝蚊帐、鸡蛋面条、大米糖食、米酒猪蹄等礼品。送祝米的队伍走进女婿家大门后，将担子和抬盒在堂屋中一字排开，交接完毕，然后女婿摆酒席隆重款待。

整祝米酒一般要持续一两天。过去山大人稀，交通不便，众多客人集中到一起，没有那么多的床被睡觉。为了度过长夜，各方亲友便以"打喜花鼓"自娱自乐。打喜花鼓又叫"打花鼓子"，是土家族整酒打喜时表演的狂欢舞蹈，其历史可追溯到清雍正改土归流时期，距今已有近300年历史。打喜花鼓时，表演者简单化妆，随便拿一件东西（扫帚、草帽、扇子等）作道具，在堂屋中或场坝一边唱一边跳。跳时最少四人，且需辈分相当。两人一对，四人同跳，其中一人扮丑角，舞蹈动作以一左一右的同边上步、提胯下沉为主要特色，一步一拍，动作随意，视歌曲内容即兴发挥。一般在一个简单的引子后，接唱《黄四姐》《郎爱姐好人才》《探郎歌》等数十首民歌。

《黄四姐》是打喜花鼓时必唱的歌曲。

黄 四 姐

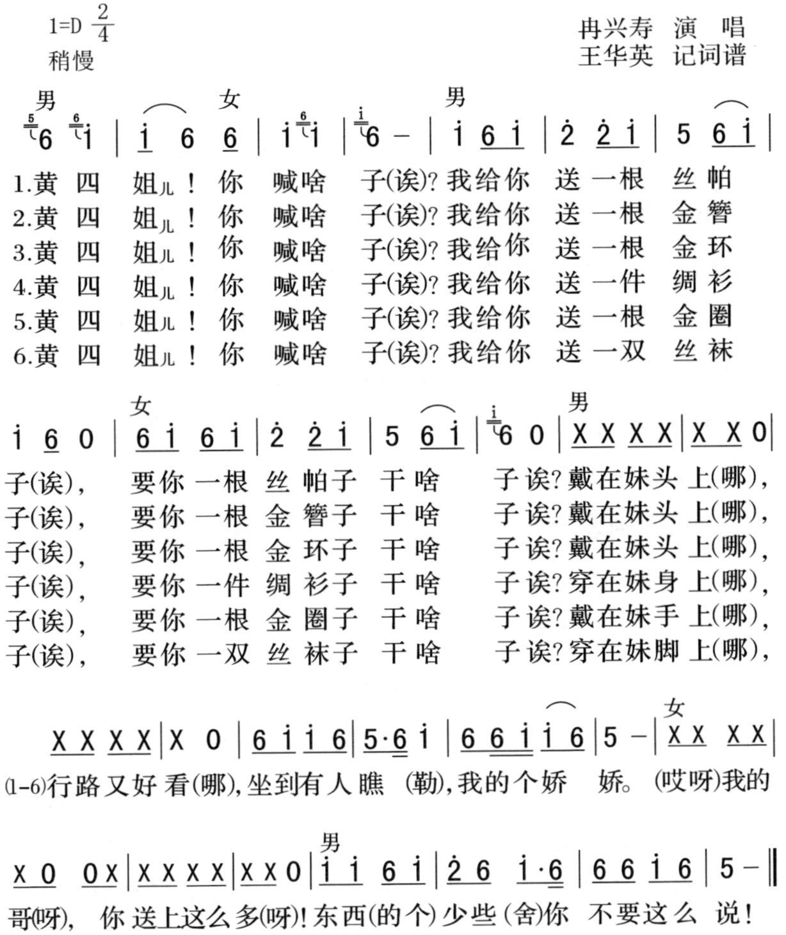

1=D $\frac{2}{4}$
稍慢

冉兴寿 演 唱
王华英 记词谱

男　　　　女　　　　男

6 i | i 6 6 | i i | 6 – | i 6 i | 2 2 i | 5 6 i |

1.黄 四 姐儿！你 喊啥 子(诶)？我给你 送 一根 丝 帕
2.黄 四 姐儿！你 喊啥 子(诶)？我给你 送 一根 金 簪
3.黄 四 姐儿！你 喊啥 子(诶)？我给你 送 一根 金 环
4.黄 四 姐儿！你 喊啥 子(诶)？我给你 送 一件 绸 衫
5.黄 四 姐儿！你 喊啥 子(诶)？我给你 送 一根 金 圈
6.黄 四 姐儿！你 喊啥 子(诶)？我给你 送 一双 丝 袜

女　　　　男

i 6 0 | 6 i 6 i | 2 2 i | 5 6 i | 6 0 | X X X X | X X 0 |

子(诶)，要你 一根 丝 帕子 干 啥 子 诶？戴在妹头 上(哪)，
子(诶)，要你 一根 金 簪子 干 啥 子 诶？戴在妹头 上(哪)，
子(诶)，要你 一根 金 环子 干 啥 子 诶？戴在妹头 上(哪)，
子(诶)，要你 一件 绸 衫子 干 啥 子 诶？穿在妹身 上(哪)，
子(诶)，要你 一根 金 圈子 干 啥 子 诶？戴在妹手 上(哪)，
子(诶)，要你 一双 丝 袜子 干 啥 子 诶？穿在妹脚 上(哪)，

女

X X X X | X 0 | 6 i i 6 | 5·6 i | 6 6 i i 6 | 5 – | X X X X |

(1-6)行路又好 看(哪)，坐到有人 瞧 (勒)，我的个娇 娇。(哎呀)我的

男

X 0 0 X | X X X X | X X 0 | i i 6 i | 2 6 i·6 | 6 6 i 6 | 5 – ‖

哥(呀)，你 送上这么多(呀)！东西(的个) 少些(舍)你 不要这么 说！

喜花鼓《黄四姐》单调口语化，节奏明快，唱中夹白，幽默风趣，所以成为打喜花鼓中的首唱曲目而被俗称为“喜花鼓黄四姐”。

喜花鼓是一种充满激情和狂欢的舞蹈，跳到酣畅时，丑角可将事先备好的黑锅灰，往对方舞者或旁观者脸上乱抹，个个被涂成大花脸，或做一些怪动作引得满堂大笑，将气氛推向高潮。就在这样的轮流表演中，迎来晨曦初露。

表演喜花鼓有一定的禁忌：一是只能唱吉祥祝福恭喜类的民歌；二是一首歌必须唱完，不唱半头歌，寓意新生命完美无缺、健康长寿。

二十六、做抓周

小孩满月要打喜整祝米酒，满岁时要整酒庆贺，叫“抓周”。届时，小孩的外婆、舅舅等亲友送上衣裳、鞋袜等礼品前去祝贺。

整抓周酒，有一个“抓周”仪式。在一张大床上或在地上铺上一张大竹席或毯子，上面摆上衣服、食品、小的劳动用具、书、笔、墨、砚等，把小孩放在中间，让小孩自己去抓。从孩子首先抓到的东西来预测孩子长大后的作为和命运。比如抓到书则说孩子长大后会读书，抓到笔则意味着会写字，抓到劳动工具则会生产，抓到衣服和吃的东西则表示会有吃有穿等。因此，做抓周时，大人们总是把书、笔等放在孩子最近处，让孩子最先抓到以求一个好的彩头，因“万般皆下品，唯有读书高”嘛。

纵观土家族婚俗的主要仪典，内容丰富，形式复杂，每个仪典表达出一定的意义和目的。如拦门酒、抢敬礼、抢床等，表达了女方争地位和对过去不自由婚姻、男尊女卑的一种抗争。陪十姊妹则表达了新娘对父母养育之恩的深深感激，对兄弟姊妹的依依不舍，对不自由婚姻的控诉。十姊妹、十弟兄中的劝导歌对新郎新娘如何为人处世有潜移默化的教化作用，是寓教于乐的很好形式。站金斗、甩筷、用秤杆挑盖头，则利用斗、秤、马鞍、火盆的寓意和谐音，表达对未来美好生活的向往与祈求。在土家族的生活中，斗不仅作量器，而且因斗是用来量粮食的，所以，在很多祭祀、祈盼活动中，都是用斗盛祭品，如钱、粮、粑粑等，土家人称为“金斗”。结婚踩金斗，祈福婚姻生活美满，婚后钱粮充盈，财源滚滚。秤，是用来称东西的，托要放在秤杆的星花上，正好谐“称心如意”。筷子，是吃饭离不开的工具，寓意为有吃有穿。筷子，谐音快子，祝福快快生子。跨马鞍，谐音“马上平安”。跨火盆，寓意生活红红火火。有的仪式，则希望婚后无灾无痛，如拦车马等。

婚俗中的一些肢体语言，也代表特定的含义。如踩了金斗，转身之后新娘就不能朝后看了，表示出嫁了就要在婆家好好生活一辈子。

风俗是区别一个民族的重要标志。保有民族在长期的生产生活中约定的风俗习惯，对民族形成团体或群体意识，形成比较稳固的族群关系，加强民族团结，传承民族文化具有极其重要的意义和作用。土家族婚俗文化仪典长期流传，并随时代发展而不断创新，不仅具有强烈的美感和观赏性，增添喜庆气氛，而且反映了人们对婚姻生活的向往追求，对教化人们有特殊的作用。因此，为了传承弘扬民族优秀文化，增强民族自尊心、自豪感，从而增强文化自信，在婚庆中保留主要的土家族仪典是很有意义的。

附录：
土家族婚俗文化
调查报告选录

土家族婚俗仪式流程中的符号互动考察

——基于建始县田野调查资料解析

龙少林[①]

一、调查点概况

建始县历史悠久，建县于三国吴景帝永安三年（260年），分巫县而置；同时，新设建平都尉统领建始等四县，距今近1800年。县名来源于“皇帝年号”，历史上共有6位皇帝将他们的年号命名为“建始”，最早的是公元前32年至公元前28年2月，西汉汉成帝刘骜将他的第一个年号取名为“建始”。正因为“建始”作为皇帝年号且包含着吉祥美好、兴旺发达之寓意，所以一直沿用至今。建始县位于湖北西南部、武陵山腹地，东连巴东县，以野三河为界；西接恩施市，以太阳河为界；南邻鹤峰县，以长河、茶寮河为界；北与重庆市奉节、巫山两县接壤。

建始县行政下辖7镇3乡410个村（社区），2016年末有170885户，51.46万人，其中农业人口45.8万人，土家族、苗族等少数民族人口占36.3%。县域国土面积为2666.55平方千米、耕地面积468平方千米、森林面积1620平方千米。平均海拔1152米，最高海拔2090米，最低海拔287米，年均气温13.1℃，年均降雨量1600毫米。

巫觋之风和多神崇拜在县内流传较早，影响颇深，几乎渗透到社会生活的方方面面。早在春秋战国时期，土家族的先人巴人就

---

① 龙少林，中南民族大学文学与新闻传播学院博士研究生。

在建始境内活动，巴人以巴务相（廪君）为自己的先人，以白虎为图腾，尊崇和敬畏日、月、水、火、土、山、川，并奉以为神。土家族人因循旧例，以廪君为族神，顶礼膜拜日、月、水、火、土、山、川诸神，并相信人与鬼可以相互交通。凡遇天灾人祸，县内群众多请道士"做斋打醮"，驱鬼除灾，若有人患重病，还要"还相公愿"，杀牛祭祀向王，或"还傩愿"，驱鬼禳灾。婚丧嫁娶要择黄道吉日，建房、筑墓要卜吉地，送老人"上山"要做斋、"开路"，甚至丢失了东西也要请人推算能否找到等，所有这些活动一般要请道士参加并请其指导。

县境居民住宅多依山面水，坐东朝西，或坐西朝东、坐北朝南、"四维向"（即非正东、正南、正西、正北），忌坐南朝北，有"北风扫堂，家败人亡"的俗谚。民国以前，城镇或乡村的豪绅大户的住宅一般是石基高墙，正房一般为两层木质楼房，内有条石天井（少数巨宅有几个甚至数十个天井）、木质厢房、花园，髹漆、装饰得富丽堂皇的大四合院，四合院之间有封火墙，前有门楼；其他人户有三间以上正屋、两头为吊脚楼厢房的"撮箕口"型房屋，有三间以上正屋、一头为吊脚楼厢房的"钥匙头"型房屋，有并列三五间的单头屋，还有的赤贫农户以岩洞栖身。从建筑材料上看，有纯木结构、石木结构、砖木结构、土木结构屋。吊脚楼一般是厢房，地势比正房低3米左右，吊脚楼下做猪牛栏或堆放杂物，楼上是居室。厢房一般为干栏式木质建筑物，有一侧或两侧相互连通的阳台或外置木质走廊，装有雕花栏杆。房子多盖布瓦，家贫的则盖杉树皮、木瓦、石板或茅草。农房有三间以上正房的，一般中间是堂屋，作为祭祀祖先和迎接宾客的处所，两边分别为灶屋（厨房）和火坑屋。火坑屋也叫火铺堂，是取暖、煮茶的地方，其中三分之二的面积铺有木地板，三分之一的面积为地面，铺地板的地面比土地面约高20~30厘米。木地板靠近土地面的一侧设有约1.5米见方的火坑烧火，用于烧水或煮饭，木架上可熏腊肉、玉米等。山区多雨，湿度较大，吊脚楼既可防潮，又可防毒蛇毒虫，而且无须占用平地，还可以少平整地基，有较高的经济价值。

二、建始土家族婚俗概况

土家族是一个历史悠久的民族，有民族语言，土家语属汉藏语系藏缅语族，没有本民族文字，通用汉文。新中国成立后，开展了大规模的民族识别工作，经过反复调查论证，1957年1月3日，土家族被确认为一个单一民族。

土家族的婚俗浓缩了土家族的发展史。土家族地区流传着伏羲女娲兄妹在葫芦中躲过滔天洪水后结婚繁衍出族人的神话故事，经历了族内婚制的原始社会进入到封建社会的“骨种婚”①，再到土司时期的初夜权婚。随着土家族社会的变迁，土家族的婚俗也随着社会的变化而发生了改变，在改土归流之后，逐渐地形成了现在一夫一妻制的婚姻形态，相较于其他民族的婚姻形态，土家族在其婚姻形态的形成中仍具有独特的民族性。

当代土家族的婚俗分为以下三个部分。

（一）婚前准备

一般情况下，男子到了适婚年龄，父母需要为他们筹划婚事，并请媒人为孩子说媒。说媒分为两种：一种是直接说媒，此种情况是男方父母已经看中了某家女孩，便会请媒人直接说媒；另一种是请媒人介绍，此种情况是男方家没有寻觅到合适的女孩，便请媒人

① “骨种婚”又称为“姑舅中表婚”，即姑家有男，舅家有女，姑家可优先遣人说定舅家之女，舅家因此不敢嫁女于他家。反之，舅家之男对于姑家之女亦有优先权，因是舅姑两家的儿女属于互相婚配的关系。此类婚姻形态可查找到相关的历史文献证据，如雍正八年（1730年）永顺知府袁承宠在《详革土司积弊略》中云：“土司旧例，凡姑氏之女必嫁舅氏之子，名曰‘骨种’，无论年之大小，竟有姑家之女年长十余岁，必待舅氏之子成立婚配。”又如乾隆七年（1742年）永顺知县王伯麟的《禁陋习四条》反映了永顺县当时存在骨种婚姻形态；甘明蜀的《西属视察记》记述了民国时期土家族聚居区存在骨种婚的旧习。

介绍门当户对的女孩作为参考。在请媒的过程中，男方家需要提前准备礼物，做好酒菜，毕恭毕敬地邀请媒人到家中吃饭喝酒，并由家中父母、叔伯等长辈告诉媒人关于孩子的具体情况，之后媒人开始起步动身说媒。

在土家族聚居区有“抬头嫁女，低头接媳”“三回九转才成亲”的说法，媒人在整个说媒过程当中发挥着“桥梁”和“纽带”的作用，媒人能力的大小会影响婚事的成败。所谓“一家有女万家求”，在土家族聚居区，女方在婚姻之前是占有主导地位的，媒人在通过反复登门沟通后，男方邀请女方及其家长到家中“看人家”，准备好宴席和礼物，在节日里和女方父母生日时男方都要登门祝贺，女方家农忙时男方要主动上门帮助。经过一段时间的交往，男方觉得结婚时机成熟后，则邀请媒人上门“合八字”，如果女方同意，婚礼即可开始张罗，如果女方父母不同意，还需要交往一段时间才能确定是否应允这门婚事。

女方父母答应“合八字”后，媒人则带着女方的生辰八字交予男方，男方请专门合八字的先生测算，如果八字合，这门婚事在土家族传统社会中，则受到了认可，如果不合，则这门婚事到这一步就停止了，所以“合八字”在土家族婚俗中有着特别重要的意义。

（二）婚礼完成

在“合八字”的程序完成后，男方则开始准备婚礼。婚礼的日期要请人挑选好吉日，并邀请媒人和男方亲自将用红纸写好的“期单”送到女方家长手中，俗称“报期”，双方在确定具体婚礼的日期后，各自准备婚宴。

男方在婚礼的前一天会带上礼物到女方家中“过礼”，俗称“送传茶”，女方父母双方的直系亲属都要送到，一般情况下，一注“茶”（即一份礼物）是由一只全猪腿、四斤或者八斤面条、白酒、白糖等构成，在送完“茶”后男方返回家中准备第二天的娶亲仪式。在定下婚期后，女方会“哭嫁”和“骂媒”，时间长则数月，短则几天或者在出嫁当天进行。

在婚礼进行中，男方会在接亲的前一天晚上举行“陪十弟兄”活动，女方举行“陪十姊妹”活动。第二天，男方则带着娶亲的队伍前往女方家迎娶新娘。在男方娶回新娘拜堂礼成后，婚礼仪式完成。

（三）特殊婚俗

在土家族婚俗中，也存在二婚、入赘的特殊婚俗。二婚包含了丧偶后再婚和离异后再婚的情况。

入赘婚俗称“上门”，即男子出嫁，女子娶亲。其婚俗在土家族社会中由来已久，随着时代的发展，婚俗观念也发生了改变。在封建社会时期，“上门”是男子在婚姻中无奈的选择，一般是因家庭贫穷，而女方家中无兄弟，女方家长为了“传承香火”而产生的一种婚姻关系。男方在确定入赘后，由男方家长或者家族中的长辈带着男方到女方家谈论入赘事宜，如果双方谈妥，男方则直接留在女方家，没有举行任何婚礼仪式，入赘后男方要改掉自己的姓随女方姓，在婚姻家庭生活中，男方没有话语权。历史发展到现在，男方的地位有所改变，一般按照正常的“男娶女”模式进行，同样举

准备出发的娶亲队伍

行婚礼仪式迎娶“男方”，不用改掉姓氏，婚姻生活中的地位有所改变。

建始县境内的土家族婚俗基本上遵循了上述流程，因为地理环境和经济发展状况的不一样，虽然同在一个县城，在婚俗上也有明显的差别，本次调研主要选取了具有代表性的花坪镇、高坪镇和三里乡。

这三个乡镇中，花坪镇海拔较高，社会经济发展相对滞后，近些年靠旅游业才带动了当地经济的发展，在传统文化保护上相对其他两个地方较为完善。高坪镇地理位置处于中间地方，因为公路318国道线贯穿全镇，经济发展较好，在一定程度上接受了一些外来文化，在传统文化方面，有坚守也有变化。三里乡则是三个调查点中距离县城最近的地方，地理位置相对较好，农业和工业发展较早，经济状况在这三个乡镇中处于领先地位，在传统文化方面吸收现代化思想程度较高。

调研之初，笔者对建始县土家族的婚俗概况有一个全面的了解后，选取了当地土家婚俗中几个重要环节进行访谈和调查，力求通过对土家族婚俗中的核心构成要素进行分析来凸显土家族婚俗的地域性和民族性。

访谈一

访谈对象：XXC，82岁，土家族，小学文化，曾担任花坪镇易家荒村大队书记。

采访地点：易家荒村四组XXC家中。

参与人：XXC，其配偶孙氏，幺女婿及邻居两名。

在土家族的婚俗仪式开始阶段，伞成了一个传递信息的符号。在男方家邀请媒人做媒后，媒人上女方家门，无论是否下雨，手中都必须要带一把伞，第一次上门伞是倒放在女方家堂屋门口的，媒人进门后，和女方家长说明情况，是谁家的小伙来提亲。女方家长是不会当面回复媒人的，如果有意继续谈论这门婚事，则会悄悄地把放在门口的伞放正。媒人出门的时候以伞是不是被女方家长放正，来判断女方家长是否同意这门亲事。如果伞是放正的，媒人回去告诉男方，女方同意，继续跟进这个事情，男方约时间（一般会选农历的端午、中秋、月半节），邀请女方到男方家“看人家”，由女方的母亲、嫂子或者姐姐妹妹一行在媒人的引导下去男方家里吃饭。女方第一次去男方家的目的是看一下男方家的住房情况，了解一下男方家里的家庭成员，还有家庭经济状况。在吃饭和回家的过程中，女方都不会有明确的态度表示对男方的满意或者不满意。等“看人家”结束后，男女双方会继续交往，“三节两寿”男方都会到女方家祝贺。如果觉得双方的感情趋于稳定，到了谈论婚礼仪式的时候，媒人会再次上女方家，无论是否下雨都要带上伞，这次媒人会把伞倒放在女方家堂屋里的厢房门口，媒人会征求女方家长的意见，是不是可以谈论婚礼了？如果女方同意，就会悄悄地将门口的伞放正；如果女方不同意，则不会去动伞。媒人在向女方家长表达完意思后，不会当面要求得到回复，而是在出门的时候通过观察伞的姿势来判断家长的意见。在婚礼的前期阶段，伞这一实物在媒人与女方家长的沟通中具有表达意见的功能，在“做媒”这个过程中，双方本着心照不宣的态度，没有当面表达愿意或者不愿意，而是通过伞来传递信息。

在土家族婚俗中，伞被抽象化，变成一个符号，在媒人和女方家的交流中传递彼此的意思，这一特定的媒介在互动中构成了独具土家族特色的婚俗交流模式，通过“自我暗示”将婚俗中的人物关系、实践对象和环境根据伞对相关个体所具有的可能性的意义加以定义和表达，在媒人和女方家长互动交流中通过伞这一符号化的实物传递的信息，来表达自己的意愿。这是长期以来，在土家族婚俗中集体认可的交流方式，一方面通过隐喻的方式表达意思，体现了土家族人含蓄委婉的一面，当面拒绝总会难堪，用伞的摆放地方和姿势来表达态度，双方都是在心照不宣中理解彼此的意图，既保护了双方交流的通畅性又避免了直接拒绝的尴尬。另一方面通过实物来传递信息，正如米德所说“某个有机体的姿态、以该姿态为其早期阶段的社会动作的结果以及另一个有机体对该姿态的反应，是处于姿态与第一个有机体、姿态与第二个有机体以及姿态与特定社会动作后阶段之间的三层或三重关系中的一组事项；并且这个三重事项构成了意义从中产生的发源地”[①]。媒人通过伞的姿势理解女方家长的意思，来决定下一步是否能顺利进行，媒人的行为也赋予了伞的意义。这种意义不是一种观念和状态，而是客观存在于经验领域之中。

人与人之间通过传递象征符和意义而相互作用和相互影响，人是具有象征行为活动的社会动物，而且这种活动是积极的，具有创造力的。按照这个理论，有意义的象征符如语言，乃是社会生活的基础。

在建始县土家族婚俗中，合八字是非常严肃的过程，有浓厚的民俗文化特征。根据采访者叙述，传统的民间礼俗认为，合八字就是合大婚。男女双方自媒人介绍认识、交往，走到合八字这个流程后，如果双方八字是“合”的，就可以确立婚姻关系。

八字，即生辰八字，是一个人出生时的干支历日期。年干和年支组成年柱，月干和月支组成月柱，日干和日支组成日柱，时干和时支组成时柱，一共四柱，四个干和四个支共八个字，故又称四柱八字。八字命理学根据干支历、阴阳五行、神煞等理论推测人的事业、婚姻、财运、学业、健康等。

所谓合婚[②]，就是把男女双方八字配在一起，对双方八字之间的五行是否和谐，双方所行的各种运气节律有无严重的冲克等信息详加研究，由此推导出以后两人的婚姻生活吉凶。

①［美］米德：《心灵、自我与社会》，赵月瑟译，上海，上海译文出版社，2005。

② 合婚：指婚前男女双方交换庚帖，以卜八字是否相配，谓之八字合婚。

合八字，请懂命理的先生用红纸将男女双方的生辰书写好后，放在一个木盒里面，盒外面放上用红纸装饰过的柏树枝（柏树枝，在土家族地区有寓意百年好合、天长地久之意）。双方合完八字，表明婚姻关系已经成立。合八字在土家族婚俗中具有特别重要的地位。在民间婚俗中，合完八字就可以确定婚姻关系，而婚俗仪式的功能是向男女双方的亲戚介绍彼此，从而加入双方的亲戚网络。例如，在婚礼中“敬茶”，男女双方均有这个环节，其功能是向双方亲戚介绍婚姻关系的成立，以及家庭新成员的加入。

以前，我们这里说媳妇都需要合八字，就是合大婚。两个人经过一段时间交往，如果觉得到了结婚的程度，就要请媒人上女方家讨女子的生辰，拿到生辰后，再送到男方家，男方的父母再找算命先生合一下大婚。如果大婚合，那这门亲事就基本定下来了，除非有么子天灾人祸，否则这门婚事原则上是不能毁约了，到了婚期男方就要上来接人走的。如果大婚不合，就不能开这门亲，即使两个人很恩爱，也是不能开亲的。（XXC口述，笔者记录）

装有八字的木盒是一种制度性媒介，是土家族人在长期的婚俗礼仪中形成的对婚姻关系确定与否的认可，这一活动的参与者，普遍认同合八字就是婚姻关系的确定，在土家族的社会文化中，长期以来的集体认同赋予了合八字这一活动的特殊意义。当一个具体物理客体被赋予特殊意义的时候，在特定社会环境中的特殊功能和意义则被认可，其本身的意义不是固有的，而是由认知者和物理客体之间的互动产生的。在土家族婚俗中，合八字的特殊活动即是如此。

拦车马，亦称回神，这是土家族婚俗中具有浓厚传统文化色彩的一个仪式，在男方迎娶新娘快到自己家的时候进行，其功能是将新娘从娘家人变成婆家人。

访谈二

访谈对象：XBQ，花坪镇三岔溪村五组村民，63岁，土家族，小学文化，平日务农为业，兼职神职人员。

土家族信仰多神和崇拜土王、祖先。据XBQ讲述，在拦车马仪式中，主要目的是将新娘娘家的诸祖先神在此拦住，护送新娘出嫁也只能送到此地，通过撒五谷，一方面表达男方家对女方家诸神的感谢，另一方面也祈求保佑婚后的生活美满平安。并就此通过法事将新娘的过去做一个总结，嫁入婆家后完全地融入到婆家的生活中。

20世纪30年代林耀华先生在《拜祖》[①]一文中论述汉族人的鬼神观念、拜祖的仪式、祭奠祖先的变迁和沿革等问题，并同时提出了汉族人对祖先神的态度是爱恨交加。一方面“视死者为良友”，另一方面“视死者为敌忾”。汉族人的祖先崇拜意识在土家族聚居区也同样存在，在拦车马仪式中，一方面是为通过“撒五谷”对女方诸位“护送”新娘的神表示感谢，另一方面却在此举行法事阻止“诸位家神”进入男方家中。这非常形象地体现了土家族人祖先崇拜中“爱恨”交错的心理。

三、建始土家族婚俗的保护与发展

笔者在调研中发现，土家族的婚俗发展历程就是土家族社会的一部完整的发展史，在漫长的历史传承中很多优秀民族文化得以以婚俗这一载体传承下来，随着现代文化的冲击，很多优秀的民族文化因子相继消失，我们应该重视和保护起来，将优秀的文化基因传承下去。我们应从以下三个方面入手：

（一）正确对待衰退，保存、摒弃和弘扬并举

衰退是一个民族文化最大的威胁，要正确对待衰退，对于土家族婚嫁文化中属于历史的但不属于现实的又有一定价值的，我们应采取保存的态度，将其保存到图书馆、博物馆和影视当中。比如结

①林耀华：《拜祖》，载《社会科学》，1931（2）。

婚前期繁琐的礼节和结婚时的服饰装束要求，这些东西只存在于过去的生活当中，因为在当今这个快节奏的全球化浪潮中，繁琐只是一种浪费。也要坚决摒弃那些带有封建迷信色彩、铺张浪费等思想和实质上的东西，如父母之命、媒妁之言，进而提倡现代婚姻恋爱自由和民主。土家族传统婚嫁文化中符合现今提倡的精神文明建设层面的感恩之类的东西，我们采取弘扬的态度，每个人怀着感恩的心，这个社会就会少很多麻烦，所以这是值得弘扬的。

（二）加强教育引导，让人们能正确地对待这些文化

土家族婚俗是土家男女建立婚姻关系的必经途径，它是土家男女人生最大的喜事，它关系到家庭美满幸福，关涉整个社会的稳定，它反映着土家族的历史与存在，体现着土家族的心理与传统，要正确引导人们将传统和现代相结合，引导健康变异，赋予传统土家族婚嫁文化与现代生活结合的一种主动意义、自觉意义。引导传统婚嫁文化，要以我国现实发展的总体目标为前提，注重传统与现实可行性的二元结合度。

（三）上下结合、表里结合，促进全面复兴

上下结合是指政府行为变民间行为，政府需要发挥积极的作用，主动与民间沟通，使民间自觉不自觉地产生继承发扬这种文化的意识。表里结合是指土家族文化的表层繁荣应与民间的生活相结合。政府教育机构应该适当增加中小学课程中关于本民族优秀文化内容，这对振奋民族精神、增强民族凝聚力具有很大作用。

土家族婚俗的整个仪程反映着土家族人民的社会交际、人情应酬、亲友往来等生活方式，从求亲到订婚再到结婚，每个阶段的每个仪式，都注重人与人的关系，它值得我们去弘扬，值得我们去保护。

建始土家族婚礼唢呐音乐调查报告

吕昕阳　吴　婧[①]

建始县处于武陵山区，位于鄂西南山区北部，人口以土家族、苗族为主。该地土家族传统婚礼中唢呐是必不可少的元素，据当地唢呐民间艺人介绍，他们的婚礼曲子受到道教文化的影响。由于历史和地理的原因，该地婚礼上的唢呐曲子中道教的文化元素逐渐消失，受到哭嫁影响的旋律凸显了土家族的民族特色。笔者于2018年6月22日—6月27日、7月16日—7月21日随向柏松老师所带调研团队到湖北省恩施土家族苗族自治州建始县对土家族婚礼唢呐音乐做田野调查，共请到当地三位唢呐民间艺人、“陪十姊妹”传承人、举办过土家族民俗婚礼的人家进行访谈。以下将从受访者背景、曲目分类、音乐特点三个方面进行论述。

一、受访者背景

2018年6月23日上午9点，笔者随调研团队来到花坪镇龙王淌，在政府工作人员的帮助下请到了当地三位最有名的唢呐手，并由调研组对乐手的生活背景和土家族婚礼唢呐音乐进行了访谈。

邓龙彪，男，汉族，1962年生，初中文化，建始县花坪镇茨竹沟村四组人，建始县音乐家协会会员，主业务农，副业为红白喜事乐手。10岁开始学习唢呐，无师承关系，自学成才。年轻时曾在乡

① 吕昕阳，女，中南民族大学文学与新闻传播学院民俗学研究生，主攻民间文学方向；吴婧，女，武汉音乐学院音乐学硕士，古琴学方向，古琴泛川派市级非遗传承人。

文化站工作，任民乐专业岗。

向定德，男，土家族，1951年生，小学文化，建始县花坪镇易家荒村一组人，主业务农，副业为红白喜事乐手。从艺时间42年，师承谭明让。

刘先华，男，汉族，1963年生，小学文化，建始县花坪镇易家荒村八组人，主业务农，副业为红白喜事乐手。从艺时间40年，师承李大德。

受访者说，他们手中的唢呐都是从老一辈手中传下来的。三人中邓龙彪技艺最强，其他二人仍时时向其学习。三人所用的唢呐哨片与别的地方不同，刘先华向笔者展示他们所用的哨片都是用红绳扎成小段状的麦秆，而别处的唢呐用的哨片是芦苇做的。

2018年6月25日下午3点，笔者随调研团队来到高坪镇高店子社区四组，对今年正月办了传统与西式结合的新式婚礼的人家进行访谈。

JQQ，女，1965年生，高中文化，高坪镇人，“姐妹歌”队伍成员，“陪十姊妹”传承人。丈夫YL，1964年生，初中文化，高

土家唢呐奏

坪镇人。二人在镇上经营一家家具店，育有一子，1992年生，大学本科，2018年3月3日与大学同学（荆州人）结婚。两个年轻人约定好男方家办土家族民俗婚礼，女方穿婚纱出嫁。结婚前一天晚上男方家做了“陪十弟兄”仪式，结婚当天新郎穿着土家族服装，骑着马，带着四个唢呐手、一个锣鼓手、四个举着迎亲牌的人和轿车队到宾馆迎亲（女方家在荆州，故选了当地一个宾馆作为“娘家”出嫁），女方拒绝了男方家请来的“姐妹歌”队伍做“陪十姊妹”仪式（考虑到新娘的奶奶刚去世不久，举行哭嫁仪式会让场面更加悲伤，于是双方协商不做“陪十姊妹”）。

2018年7月17日上午11点，笔者随调研团队来到高坪镇，对该地“陪十姊妹”传承人进行了访谈。

黄美清，女，1972年生，中共党员，建始县高坪镇妇联主任、旅游开发办主任、女子民兵连连长、财政所副所长、“陪十姊妹”传承人。她出身于一个普通农村家庭，在成长的过程中，20世纪90年代时父母的家庭曾被州县妇联表彰为“文明家庭”，被省妇联表彰为“五好家庭”，自小受到父母勤劳与善良品行的熏陶。2008年3月18日起参加志愿服务活动累计五百多次。10年前，黄美清利用自小的舞蹈天赋以及自己的号召力将一部分家庭经济条件较好的妇女组织在一起，报县妇联批准，成立“爱心妈妈快乐女人俱乐部”，并在俱乐部中选取声音条件较好的成员编入“姐妹歌”队伍学习“陪十姊妹”歌，不定期为景区免费展演土家族婚俗。

侯敬芝，女，1965年生，初中文化，小水田村人，高坪镇“姐妹歌”队伍成员、“陪十姊妹”传承人。现住高坪镇，在镇上经营一家小店。娘家在东庄村，十几岁开始跟着村中老人学唱歌，晚上帮老人推磨、撕苞谷时跟着学唱十姊妹歌。同其母亲学习了一些，更多的是向家附近的人学。她十几年未唱了，但经黄美清主任组织后又开始唱了，随歌队参加过多次景区民俗婚礼展演。

周福春，女，1963年生，初中文化，高坪镇人，高坪镇“姐妹歌”队伍成员、“陪十姊妹”传承人，在镇上经营一家小店。娘家位于楂树坪村，其父母早亡，本人于20世纪80年代结婚，未办婚礼。三年级开始学跳舞，下乡下队演出，以文艺宣传为主。她学唱“陪十姊妹”歌四五年，除了跟着娘家那边的老人（老人都有七八十岁了）学唱，还跟其丈夫学了一点，曾多次参加景区民俗婚礼展演，还参加过一次民俗婚礼：2017年8月，她的亲家（媳妇娘家）嫁女，组织人去唱了一次“陪十姊妹”，场面热闹很受欢迎。

姚永忠，女，1970年生，初中文化，高坪镇人，高坪镇“姐妹歌”队伍成员、“陪十姊妹”传承人，在镇上经营一家小店。娘家在石垭子村，她于1989年结婚，结婚时未做“陪十姊妹”（20世纪80年代不兴），姐姐结婚的时候做了（20世纪70年代）。其本人在娘家时跟着妈妈和其他老人学唱“陪十姊妹”歌，来到高坪镇后跟黄美清主任组织起队伍后边做展演边学唱，参加过多次景区民俗婚礼展演。

周家芝，女，1970年生，小学文化，高坪镇麻扎坪村四组人，高坪镇“姐妹歌”队伍成员、“陪十姊妹”传承人，在镇上经营一家小店。娘家在恩施，她于20世纪90年代结婚，结婚时未做“陪十姊妹”。她婚前跟着母亲学了很多歌，结婚后淡忘了，现在跟着“姐妹歌”队伍一起学，基础好、学得快。她本来对“陪十姊妹”歌不感兴趣，出门参加了展演活动后觉得很感兴趣。她参加过多次景区民俗婚礼展演。在土岭农家山庄（身着民族服装），参加了官方组织的民俗婚礼活动。

7月19日上午10点，笔者随调研团队来到三里乡石牌村村委会，对一户举办了土家族民俗婚礼的人家进行了访谈。

YHM，1966年生，初中文化，主业务农。1985年结婚，在娘家排行最末，娘家在河水坪。婆家在三里乡石牌村，丈夫ZLX，1964年生，高中文化。两人育有两个女儿，分别为30、32岁，均已成家，有两个外孙，均为8岁。大女儿1986年生，初中文化，在外务工，是自由恋爱，于2009年结婚，男方入赘。大女婿1987年生，初中文化，在外务工。两人结婚时在民宗局的指导下做了“陪十姊妹”和“陪十弟兄”，并录像。小女儿1988年生，初中文化，在外务工，于2010年出嫁。小女婿1989年生，初中文化，在外务工。两人结婚未做“陪十姊妹”。

二、乐谱

土家族民俗婚礼的唢呐手分为坐吹和路吹。坐吹即男女双方家门口各坐一位或两位唢呐手在迎客时吹奏，路吹即接亲时路上吹奏的唢呐手，告知路人避让娶亲队伍或婚车，提醒迎亲队伍前方路况。据笔者掌握的材料，婚礼唢呐曲子一共有27首，按其使用类别可分为接亲、迎客和接送高亲三类。由于土家族婚礼唢呐音乐较为特殊，下文将分为曲目分类和记谱说明两个部分。

（一）曲目分类

1. 接亲类

接亲类有《朝阳》《一配松》《转游街》《老旱路》《新旱路》（两个版本）《苦上坡》《官拍子》《节节高》《马和尚过江》《风搅雪》《刮地风》《铁脚板》《龙摆尾》《狮子滚绣球》等15首。其中前8首因受访者亲自吹奏，笔者手头有录音工具，所以能将它们用记谱软件呈现在文本中；后7首受访者只提供了他们自己记录的简谱却没有现场演奏，由于无法为其定调式和拍子，此处无法将其呈现出来。

《朝阳》为坐吹曲目。邓龙彪告诉笔者，结婚当天清早男女双方家请的坐吹要在家门口吹奏这首曲子迎接朝阳，以求清晨的阳光给新人及其家人带来福气。

这首曲子男方和女方家都用的。结婚那天清早，我们要坐在人家家门口对着刚出来的太阳吹，为他们（新人及其家属）接太阳。

口述者：邓龙彪

记　录：吕昕阳

时　间：2018年6月23日

地　点：花坪镇龙王淌

大清早就要吹了，一吹旁边的人家就知道这家要嫁女或者娶媳妇了。

口述者：向定德

记　录：吕昕阳

时　间：2018年6月23日

地　点：花坪镇龙王淌

早上吹好，哪家早上吹了哪家就有福气，要接太阳的时候吹。

口述者：刘先华

记　录：吕昕阳

时　间：2018年6月23日

地　点：花坪镇龙王淌

朝　阳

曲谱传授：刘先华 向定德

采录：吕昕阳

记谱：吴　婧

1=C $\frac{4}{4}$

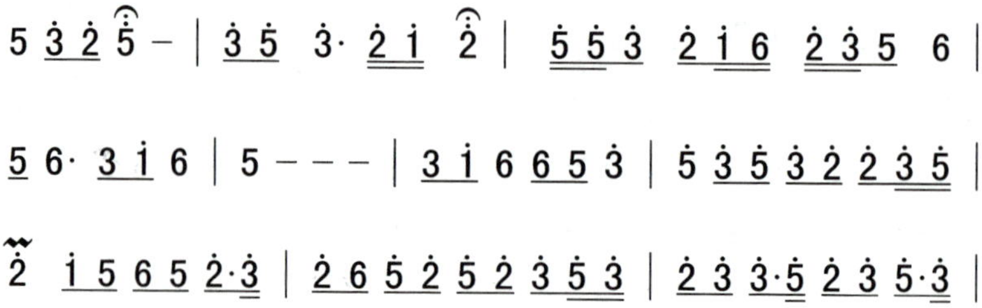

5 3 2 5 – | 3 5 3· 2 1 2 | 5 5 3 2 1 6 2 3 5 6 |

5 6· 3 1 6 | 5 – – – | 3 1 6 6 5 3 | 5 3 5 3 2 2 3 5 |

2 1 5 6 5 2·3 | 2 6 5 2 5 2 3 5 3 | 2 3 3·5 2 3 5·3 |

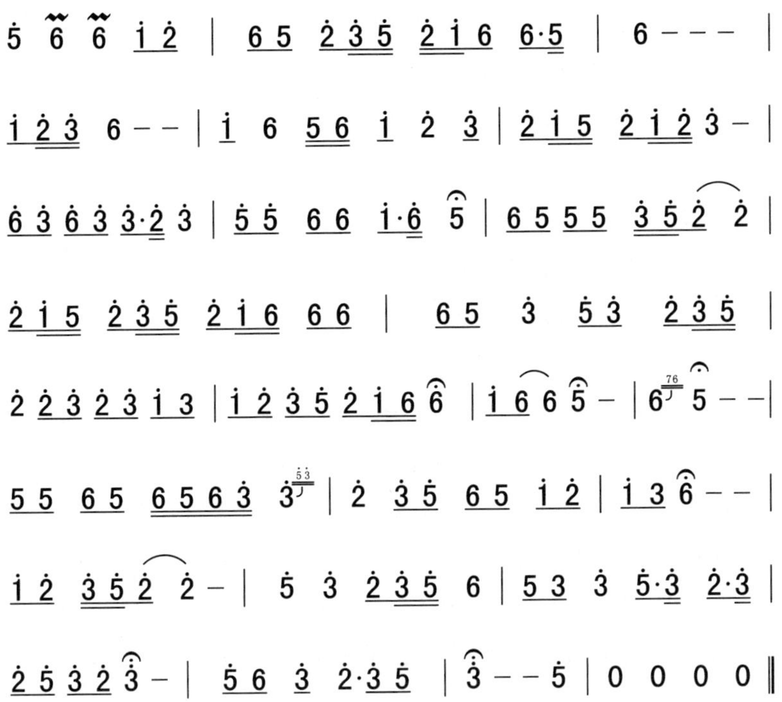

5 6 6 1 2 | 6 5 2 3 5 2 1 6 6·5 | 6 – – – |

1 2 3 6 – – | 1 6 5 6 1 2 3 | 2 1 5 2 1 2 3 – |

6 3 6 3 3·2 3 | 5 5 6 6 1·6 5 | 6 5 5 5 3 5 2 2 |

2 1 5 2 3 5 2 1 6 6 6 | 6 5 3 5 3 2 3 5 |

2 2 3 2 3 1 3 | 1 2 3 5 2 1 6 6 | 1 6 6 5 – | 6 5 – – |

5 5 6 5 6 5 6 3 3 | 2 3 5 6 5 1 2 | 1 3 6 – – |

1 2 3 5 2 2 – | 5 3 2 3 5 6 | 5 3 3 5·3 2·3 |

2 5 3 2 3 – | 5 6 3 2·3 5 | 3 – – 5 | 0 0 0 0 ‖

以前在土家族民俗婚礼中《朝阳》是为新人及其家属接福气而必吹的曲目，然而如今复兴的婚俗中坐吹反而不受有的人欢迎了。高坪镇JQQ家儿子办的中西结合的婚礼只请了路吹，没有请坐吹。

我儿子结婚的时候我们请了4台唢呐、1个锣，还有4个迎亲牌。唢呐只在路上吹，儿媳妇是荆州的汉族人，要求办西式婚礼。我们商量了就决定不请坐吹，在娶亲路上有路吹就行了。

口述者：JQQ

记　录：吕昕阳

时　间：2018年6月25日

地　点：高坪镇高店子社区4组

JQQ她们家儿子娶媳妇的时候只请了4个路吹，没有请坐吹（所以早上没有吹《朝阳》这首曲子）。一般我们镇上娶亲不请坐吹的，在街上做生意的都不请坐吹。

口述者：黄美清

记　录：吕昕阳

时　间：2018年7月24日

地　点：武汉市（电话采访）

从高坪镇JQQ儿子办的中西合璧的婚礼上看，没有请坐吹是出于对新娘意愿的尊重。从“姐妹歌”队伍组织者黄美清的访谈中可见，镇上的人家嫁娶为了不打扰街坊邻居做生意而选择不请坐吹，这是市场经济发展的驱使下人们自发做出的选择。

《一配松》又叫《娘哭女》，为路吹曲目。娶亲队伍快到时，队伍里的唢呐手会吹奏这首曲子，催促新人出嫁的人家准备发亲。

我们一吹这个曲子，新娘就晓得要离家了，眼泪就流下来了。这个《一配松》得我来吹，他们（刘先华、向定德）吹不好。

口述者：邓龙彪

记　录：吕昕阳

时　间：2018年6月23日

地　点：花坪镇龙王淌

我姐姐出嫁的时候接亲的人来了，远远地听到唢呐声我就哭了，我姐姐也哭了。

口述者：姚永忠

记　录：吕昕阳

时　间：2018年7月17日

地　点：高坪镇

我回门的那天，听人家说我嫂子她们听到唢呐声就开始哭，我出门了她们哭得死去活来的。

口述者：侯敬芝

记　录：吕昕阳

时　间：2018年7月17日

地　点：高坪镇

我们那个年代的时候听到这些曲子眼泪都流下来了，但是现在的年轻人听不懂，他们体会不到，我们在景区展演他们还觉得好笑。

口述者：周福春

记　录：吕昕阳

时　间：2018年7月17日

地　点：高坪镇

一　配　松

曲谱传授：邓龙彪
采录：吕昕阳
记谱：吴　婧

1=C 4/4

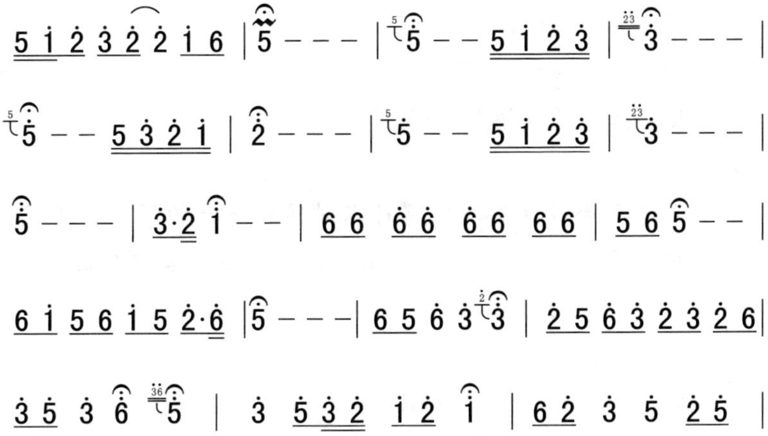

5 1 2 3 2 2 2 1 6 | 5 – – – | 5 – – 5 1 2 3 | 3 – – – |

5 – – 5 3 2 1 | 2 – – – | 5 – – 5 1 2 3 | 3 – – – |

5 – – – | 3·2 1 – – | 6 6 6 6 6 6 6 6 | 5 6 5 – – |

6 1 5 6 1 5 2·6 | 5 – – – | 6 5 6 3 3 | 2 5 6 3 2 3 2 6 |

3 5 3 6 5 | 3 5 3 2 1 2 1 | 6 2 3 5 2 5 |

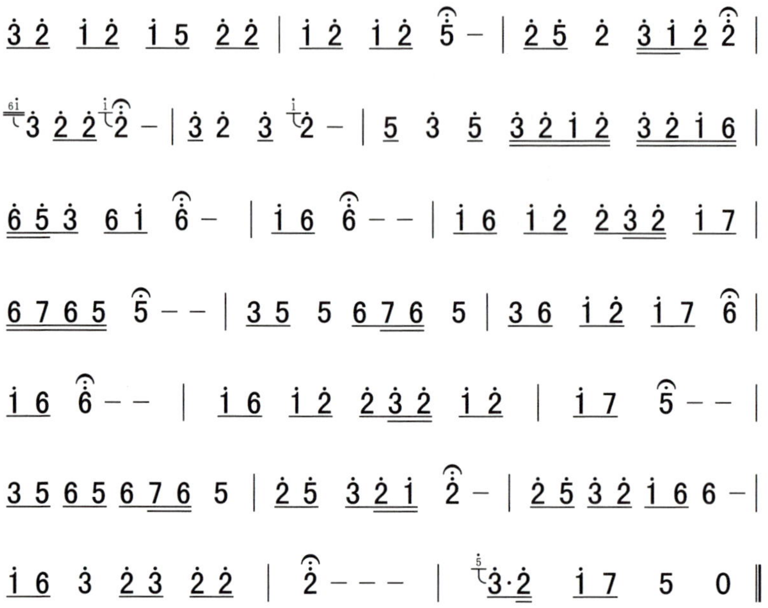

3 2 1 2 1 5 2 2 | 1 2 1 2 5 – | 2 5 2 3 1 2 2 |

3 2 2 2 – | 3 2 3 2 – | 5 3 5 3 2 1 2 3 2 1 6 |

6 5 3 6 1 6 – | 1 6 6 – – | 1 6 1 2 2 3 2 1 7 |

6 7 6 5 5 – – | 3 5 5 6 7 6 5 | 3 6 1 2 1 7 6 |

1 6 6 – – | 1 6 1 2 2 3 2 1 2 | 1 7 5 – – |

3 5 6 5 6 7 6 5 | 2 5 3 2 1 2 – | 2 5 3 2 1 6 6 – |

1 6 3 2 3 2 2 | 2 – – – | 3·2 1 7 5 0 ‖

《一配松》为接亲路上吹的曲目。接亲队伍在路上要过河、串巷时的必吹曲目。为防止曲目单调，一般会与《马和尚过江》交替吹奏。访谈时邓龙彪为笔者吹奏了《转游街》。

> 《转游街》是接亲队伍要过大江大河的时候吹的。
>
> 口述者：邓龙彪
>
> 记　录：吕昕阳
>
> 时　间：2018年6月23日
>
> 地　点：花坪镇龙王淌

> 《马和尚过江》不记得什么时候传下来的了，反正过河要吹，马和尚是哪一个我们也不晓得，老一辈就这么教的。
>
> 口述者：向定德
>
> 记　录：吕昕阳
>
> 时　间：2018年6月23日
>
> 地　点：花坪镇龙王淌

《马和尚过江》这首曲子非吹不可。

口述者：刘先华

记　录：吕昕阳

时　间：2018年6月23日

地　点：花坪镇龙王淌

我给你看这份谱子，上面有《马和尚过江》《风搅雪》《刮地风》《铁脚板》《龙摆尾》《狮子滚绣球》《节节高》。《马和尚过江》是过水路的时候吹的；《风搅雪》是接亲路上刮风下雪提醒脚夫注意地滑吹的；《刮地风》是刮大风的时候吹的；《铁脚板》是称赞脚夫有力气走路平稳吹的；《龙摆尾》是接亲队伍比较长，要拐弯的时候吹的；《节节高》是往高处走的时候吹的；《狮子滚绣球》是在路上都可以吹的。这个谱子是他们（向定德）搞来的，不是我写的。我也不知道哪里传来的，我们不吹（不会吹）。

口述者：邓龙彪

记　录：吕昕阳

时　间：2018年6月23日

地　点：花坪镇龙王淌

转　游　街

曲谱传授：邓龙彪
采录：吕昕阳
记谱：吴　婧

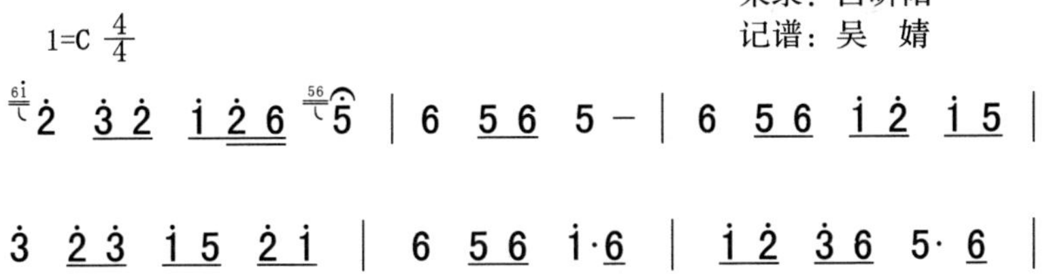

1=C $\frac{4}{4}$

(6i̇)2̇ 3̇2̇ i̇2̇6 (56)5 | 6 56 5 – | 6 56 i̇2̇ i̇5 |

3̇ 2̇3̇ i̇5 2̇i̇ | 6 56 i̇·6 | i̇2̇ 3̇6 5· 6 |

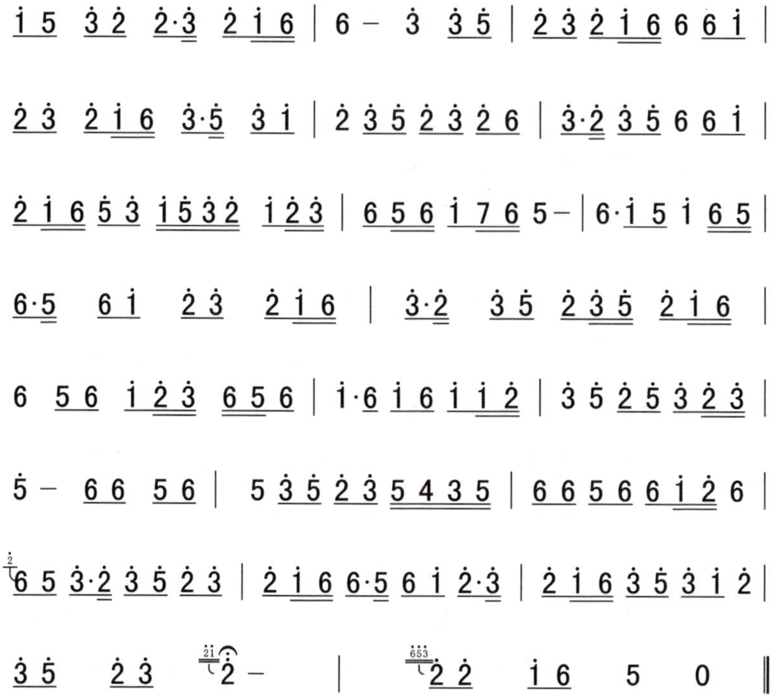

1̇5 3̇2̇ 2̇·3̇ 2̇1̇6 | 6 – 3̇ 3̇5̇ | 2̇3̇2̇1̇6 6 61̇ |

2̇3̇ 2̇1̇6 3̇·5̇ 3̇1̇ | 2̇ 3̇5̇2̇3̇2̇6 | 3̇·2̇3̇5̇ 6 61̇ |

2̇1̇65 3̇ 1̇53̇2̇ 1̇2̇3̇ | 6561̇765 – | 6·1̇5 1̇ 65 |

6·5 61̇ 2̇3̇ 2̇1̇6 | 3̇·2̇ 3̇5̇ 2̇3̇5̇ 2̇1̇6 |

6 56 1̇2̇3̇ 656 | 1̇·6 1̇6 1̇1̇2̇ | 3̇ 5 2̇5̇ 3̇2̇3̇ |

5̇ – 66 56 | 5 3̇5̇ 2̇3̇ 5435 | 66 56 61̇2̇ 6 |

(2̇)65 3̇·2̇ 3̇5̇ 2̇3̇ | 2̇1̇6 6·5 61̇ 2̇·3̇ | 2̇1̇6 3̇5̇ 3̇1̇ 2̇ |

3̇5̇ 2̇3̇ (2̇1̇)2̇ – | (6̇5̇3̇)2̇2̇ 1̇6 5 0 ‖

以“旱路”命名的曲子有两首，一首是《老旱路》，另一首是《新旱路》，新旱路有两个版本。建始处于武陵山区，旱路多于水路，独特的自然环境催生了不同版本的“旱路”唢呐调。

走旱路一般是两台唢呐才吹得响，《新旱路》非得两个人吹不可，因为路上一个人吹得接不上气儿了，另一个人马上可以顶上。

口述者：向定德

记　录：吕昕阳

时　间：2018年6月23日

地　点：花坪镇龙王淌

老旱路

曲谱传授：邓龙彪
采录：吕昕阳
记谱：吴　婧

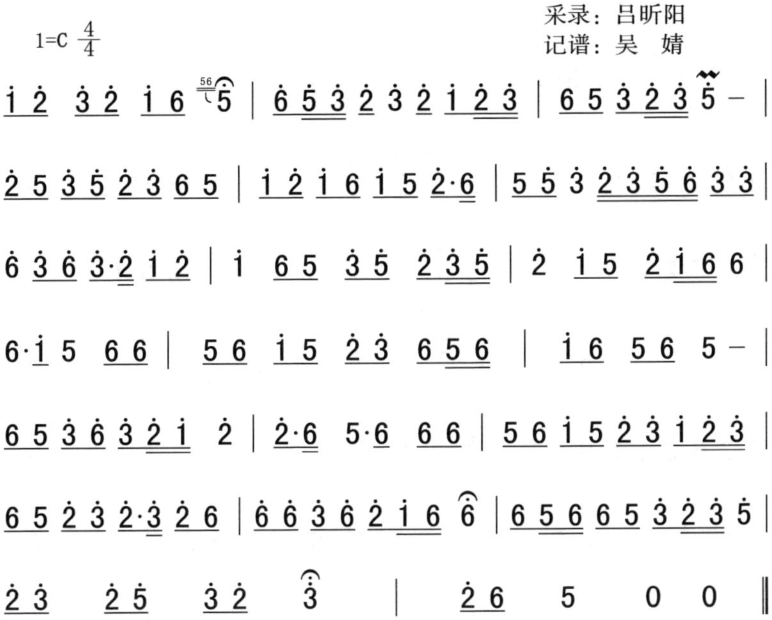

1=C $\frac{4}{4}$

1 2 3 2 1 6 5 | 6 5 3 2 3 2 1 2 3 | 6 5 3 2 3 5 – |

2 5 3 5 2 3 6 5 | 1 2 1 6 1 5 2·6 | 5 5 3 2 3 5 6 3 3 |

6 3 6 3·2 1 2 | 1 6 5 3 5 2 3 5 | 2 1 5 2 1 6 6 |

6·1 5 6 6 | 5 6 1 5 2 3 6 5 6 | 1 6 5 6 5 – |

6 5 3 6 3 2 1 2 | 2·6 5·6 6 6 | 5 6 1 5 2 3 1 2 3 |

6 5 2 3 2·3 2 6 | 6 6 3 6 2 1 6 6 | 6 5 6 6 5 3 2 3 5 |

2 3 2 5 3 2 3 | 2 6 5 0 0 ‖

新旱路

曲谱传授：刘先华 邓龙彪
采录：吕昕阳
记谱：吴　婧

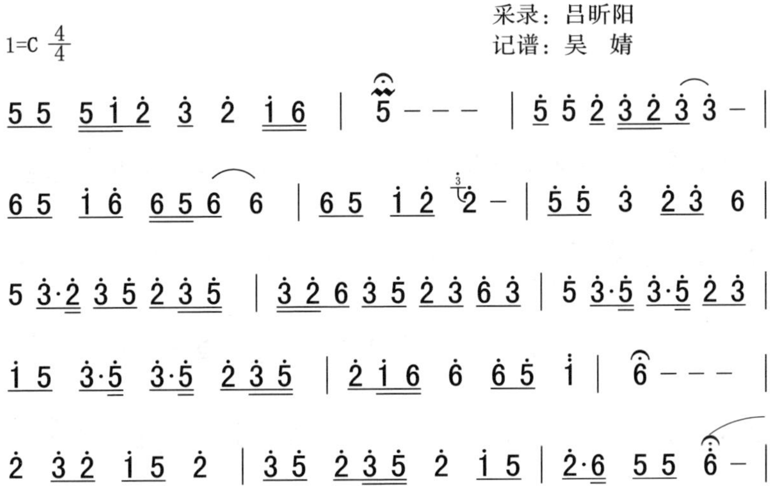

1=C $\frac{4}{4}$

5 5 5 1 2 3 2 1 6 | 5 – – – | 5 5 2 3 2 3 3 – |

6 5 1 6 6 5 6 6 | 6 5 1 2 2 – | 5 5 3 2 3 6 |

5 3·2 3 5 2 3 5 | 3 2 6 3 5 2 3 6 3 | 5 3·5 3·5 2 3 |

1 5 3·5 3·5 2 3 5 | 2 1 6 6 6 5 1 | 6 – – – |

2 3 2 1 5 2 | 3 5 2 3 5 2 1 5 | 2·6 5 5 6 – |

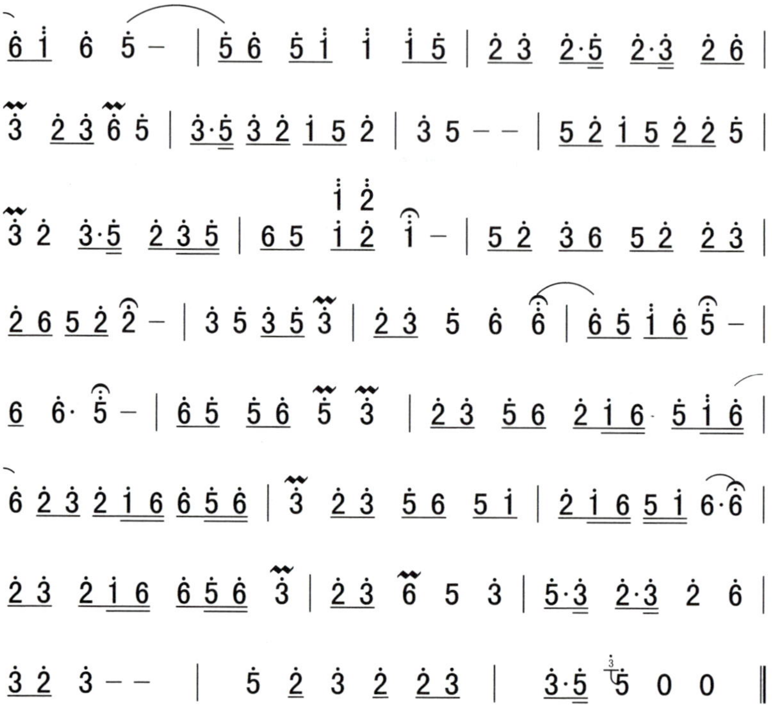

6 1 6 5 – | 5 6 5 1 1 1 5 | 2 3 2·5 2·3 2 6 |

3 2 3 6 5 | 3·5 3 2 1 5 2 | 3 5 – – | 5 2 1 5 2 2 5 |

3 2 3·5 2 3 5 | 6 5 1 2 1 – | 5 2 3 6 5 2 2 3 |

2 6 5 2 2 – | 3 5 3 5 3 | 2 3 5 6 6 | 6 5 1 6 5 – |

6 6· 5 – | 6 5 5 6 5 3 | 2 3 5 6 2 1 6 5 1 6 |

6 2 3 2 1 6 6 5 6 | 3 2 3 5 6 5 1 | 2 1 6 5 1 6·6 |

2 3 2 1 6 6 5 6 3 | 2 3 6 5 3 | 5·3 2·3 2 6 |

3 2 3 – – | 5 2 3 2 2 3 | 3·5 5 0 0 ‖

新 旱 路

曲谱传授：刘先华 向定德
采录：吕昕阳
记谱：吴 婧

1=C $\frac{4}{4}$

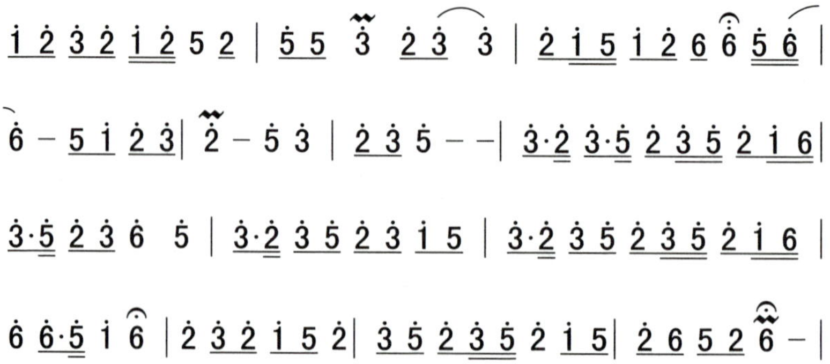

1 2 3 2 1 2 5 2 | 5 5 3 2 3 3 | 2 1 5 1 2 6 6 5 6 |

6 – 5 1 2 3 | 2 – 5 3 | 2 3 5 – – | 3·2 3·5 2 3 5 2 1 6 |

3·5 2 3 6 5 | 3·2 3 5 2 3 1 5 | 3·2 3 5 2 3 5 2 1 6 |

6 6·5 1 6 | 2 3 2 1 5 2 | 3 5 2 3 5 2 1 5 | 2 6 5 2 6 – |

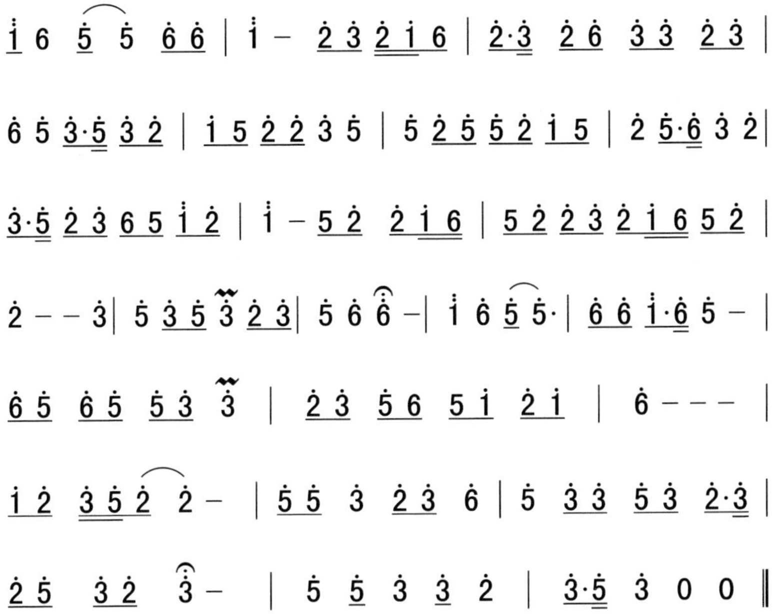

1 6 5 5 6 6 | 1 – 2 3 2 1 6 | 2·3 2 6 3 3 2 3 |

6 5 3·5 3 2 | 1 5 2 2 3 5 | 5 2 5 5 2 1 5 | 2 5·6 3 2 |

3·5 2 3 6 5 1 2 | 1 – 5 2 2 1 6 | 5 2 2 3 2 1 6 5 2 |

2 – – 3 | 5 3 5 3 2 3 | 5 6 6 – | 1 6 5 5· | 6 6 1·6 5 – |

6 5 6 5 5 3 3 | 2 3 5 6 5 1 2 1 | 6 – – – |

1 2 3 5 2 2 – | 5 5 3 2 3 6 | 5 3 3 5 3 2·3 |

2 5 3 2 3 – | 5 5 3 3 2 | 3·5 3 0 0 ‖

《苦上坡》是一首坐吹、路吹两用的曲子，描绘了武陵山区崎岖盘旋的山路及行人爬坡时的艰辛。

《苦上坡》不只是用在接亲路上，迎客的时候也吹。我们这边山多嘛，客人从那边山里过来这边喝喜酒，路上总是要爬坡的。这首曲子也是慰问一下客人，相当于说他们路上辛苦了。

口述者：向定德

记　录：吕昕阳

时　间：2018年6月23日

地　点：花坪镇龙王淌

我们这边山多，走路要爬坡，在娶亲路上遇到要爬坡的就要吹这首曲子，鼓励大家爬上去。

口述者：邓龙彪

记　录：吕昕阳

时　间：2018年6月23日

地　点：花坪镇龙王淌

前文有述镇上办土家族民俗婚礼时不请坐吹，而有的村上娶亲则是不请路吹，形成截然相反的局面。

我大女儿结婚的时候办了民俗婚礼，民宗局的还来录像了咧。我们只请了坐吹，没有请路吹。当时请了6台小轿车，接完回来就在离家比较近的路上搞了一下“拦车马”，他们玩得好的（新郎新娘的朋友）就把他们弄下车，用锅灰抹了一下新郎的脸，戏弄一下就让他们坐车回来了，路上没有吹唢呐的，回来了坐吹的唢呐手才吹。

口述者：YHM

记　录：吕昕阳

时　间：2018年7月19日

地　点：三里乡石牌村

苦　上　坡

曲谱传授：向定德

采录：吕昕阳

记谱：吴　婧

1=C $\frac{4}{4}$

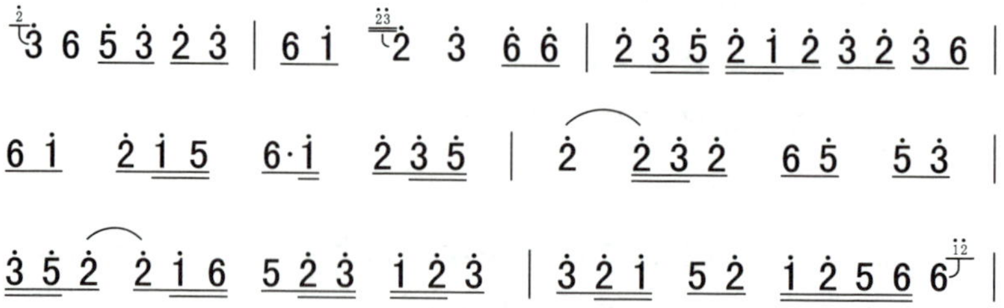

3 6 5 3 2 3 | 6 1 2 3 6 6 | 2 3 5 2 1 2 3 2 3 6 |

6 1 2 1 5 6·1 2 3 5 | 2 2 3 2 6 5 5 3 |

3 5 2 2 1 6 5 2 3 1 2 3 | 3 2 1 5 2 1 2 5 6 6 |

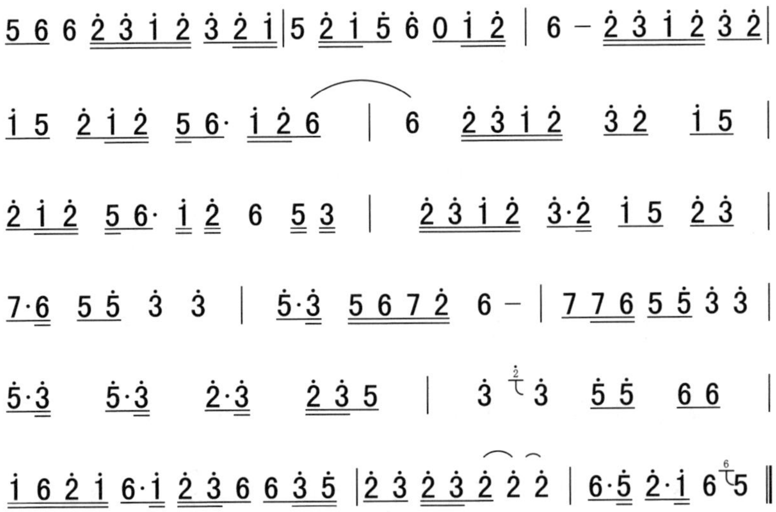

5 6 6 2 3 1 2 3 2 1 | 5 2 1 5 6 0 1 2 | 6 – 2 3 1 2 3 2 |

1 5 2 1 2 5 6· 1 2 6 | 6 2 3 1 2 3 2 1 5 |

2 1 2 5 6· 1 2 6 5 3 | 2 3 1 2 3·2 1 5 2 3 |

7·6 5 5 3 3 | 5·3 5 6 7 2 6 – | 7 7 6 5 5 3 3 |

5·3 5·3 2·3 2 3 5 | 3 3 5 5 6 6 |

1 6 2 1 6·1 2 3 6 6 3 5 | 2 3 2 3 2 2 2 | 6·5 2·1 6 5 ‖

《官拍子》为路吹曲目，迎亲进女家门、接亲进男家门时吹奏。

接亲的队伍到了女家门口、男家门口就开始吹《官拍子》，提醒人家接亲的队伍来了，要进门了，在门口的人要让道啦。

口述者：邓龙彪

记　录：吕昕阳

时　间：2018年6月23日

地　点：花坪镇龙王淌

我儿子他们把新娘子接回来快到门口了，路吹就吹这首曲子，提醒我们要做好准备接新人进门拜堂了。那个时候我也到门口去把火盆给摆上，当然用的是假火盆，新娘穿的婚纱嘛，如果用的真火盆，要把婚纱烧着了。

口述者：JQQ

记　录：吕昕阳

时　间：2018年6月25日

地　点：高坪镇高店子社区4组

官　拍　子

曲谱传授：邓龙彪
采录：吕昕阳
记谱：吴　婧

1=C $\frac{4}{4}$

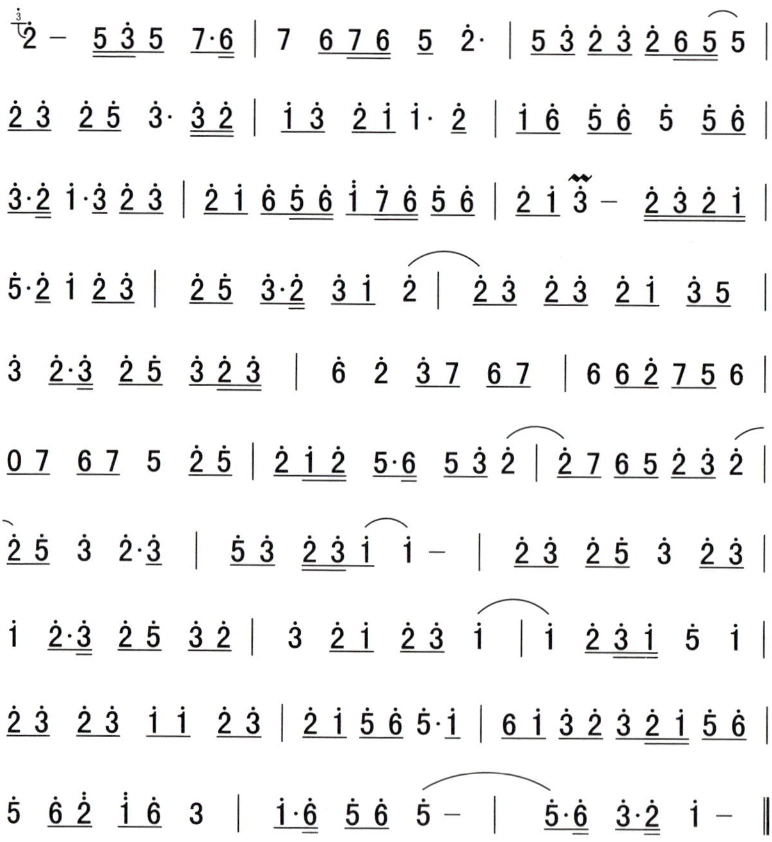

2 – 5 3 5 7·6 | 7 6 7 6 5 2· | 5 3 2 3 2 6 5 5 |
2 3 2 5 3· 3 2 | 1 3 2 1 1· 2 | 1 6 5 6 5 5 6 |
3·2 1·3 2 3 | 2 1 6 5 6 1 7 6 5 6 | 2 1 3 – 2 3 2 1 |
5·2 1 2 3 | 2 5 3·2 3 1 2 | 2 3 2 3 2 1 3 5 |
3 2·3 2 5 3 2 3 | 6 2 3 7 6 7 | 6 6 2 7 5 6 |
0 7 6 7 5 2 5 | 2 1 2 5·6 5 3 2 | 2 7 6 5 2 3 2 |
2 5 3 2·3 | 5 3 2 3 1 1 – | 2 3 2 5 3 2 3 |
1 2·3 2 5 3 2 | 3 2 1 2 3 1 | 1 2 3 1 5 1 |
2 3 2 3 1 1 2 3 | 2 1 5 6 5·1 | 6 1 3 2 3 2 1 5 6 |
5 6 2 1 6 3 | 1·6 5 6 5 – | 5·6 3·2 1 – ‖

《马和尚过江》《节节高》《风搅雪》《刮地风》《铁脚板》《龙摆尾》《狮子滚绣球》这7首曲子，向定德只给了笔者一份他们自己记下的简谱，并未进行演奏。

2. 迎客类

迎客类有《蜜蜂展翅》《长路引》《乐平》《云里师》《满堂红》《二黄》《浪里淘沙》《茶调》《饭调》《戏调》10首，全部为坐吹迎客的曲子，多数曲子为二人合奏曲。据传承人说，传统的土家族民俗婚礼坐吹至少要请两个唢呐手。

《蜜蜂展翅》是迎客调中最为欢快的一首曲子，其携带了演奏者更多的主观情感。

> 我给你吹个《蜜蜂展翅》，这首曲子我在去喜宴的时候见到我的好朋友来了我都给他吹上一首。你想想，蜜蜂展开翅膀飞的时候多欢脱，我见到我关系好的朋友了也开心，所以开心就给他吹这首曲子了。
>
> 口述者：向定德
>
> 记　录：吕昕阳
>
> 时　间：2018年6月23日
>
> 地　点：花坪镇龙王淌

> 《蜜蜂展翅》不是给一般人吹的，关系好的人来了才吹。这首曲子跟其他的迎客调子不一样，吹的时候是开心的，因为好朋友来了嘛。
>
> 口述者：刘先华
>
> 记　录：吕昕阳
>
> 时　间：2018年6月23日
>
> 地　点：花坪镇龙王淌

> 《蜜蜂展翅》不是哪个客人来了都吹的，要看来的时候主人家非常热情地去迎接的，我才吹。如果来的客人跟我关系特别好的，我也给他吹个《蜜蜂展翅》，一般的朋

友我不给他吹。

口述者：向定德

记　录：吕昕阳

时　间：2018年6月23日

地　点：花坪镇龙王淌

我觉得《蜜蜂展翅》好听，你看蜜蜂酿的蜜多甜啊，就像人和自己的好朋友相处的时候那个感觉一样甜。所以我看到来客人了，里面有我的好朋友，我也给他吹一个《蜜蜂展翅》。

口述者：邓龙彪

记　录：吕昕阳

时　间：2018年6月23日

地　点：花坪镇龙王淌

蜜蜂展翅

曲谱传授：邓龙彪
采录：吕昕阳
记谱：吴　婧

1=C $\frac{4}{4}$

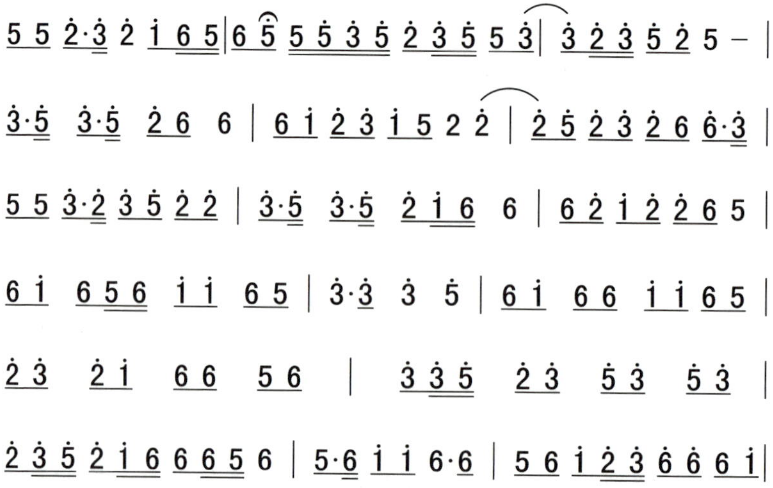

5 5 2̇·3̇ 2̇ 1̇ 6 5 | 6 5̇ 5 5̇ 3 5̇ 2̇ 3̇ 5̇ 5 3̇ | 3̇ 2̇ 3̇ 5̇ 2̇ 5 – |

3̇·5̇ 3̇·5̇ 2̇ 6 6 | 6 1̇ 2̇ 3̇ 1̇ 5 2 2̇ | 2̇ 5̇ 2̇ 3̇ 2̇ 6 6̇·3̇ |

5 5 3̇·2̇ 3̇ 5̇ 2̇ 2̇ | 3̇·5̇ 3̇·5̇ 2̇ 1̇ 6 6 | 6 2̇ 1̇ 2̇ 2̇ 6 5 |

6 1̇ 6 5 6 1̇ 1̇ 6 5 | 3̇·3̇ 3̇ 5̇ | 6 1̇ 6 6 1̇ 1̇ 6 5 |

2̇ 3̇ 2̇ 1̇ 6 6 5 6 | 3̇ 3̇ 5̇ 2̇ 3̇ 5̇ 3̇ 5̇ 3̇ |

2̇ 3̇ 5̇ 2̇ 1̇ 6 6 6 5 6 | 5·6 1̇ 1̇ 6·6 | 5 6 1̇ 2̇ 3̇ 6̇ 6̇ 6 1̇ |

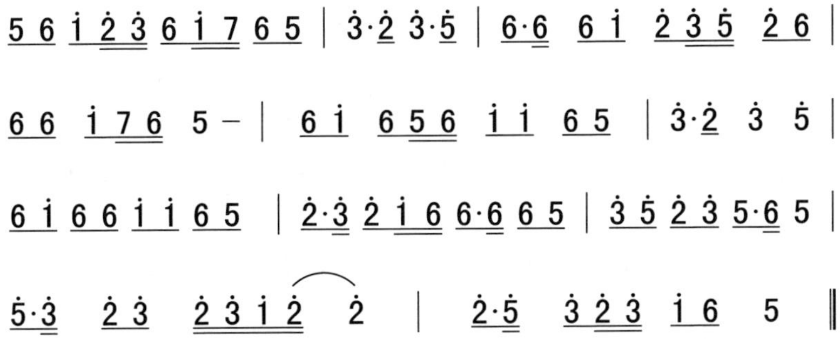

56i2̇3̇6i765 | 3̇·2̇ 3̇·5̇ | 6·6 6i 2̇3̇5̇ 2̇6 |

66 i76 5 – | 6i 656 ii 65 | 3̇·2̇ 3̇ 5̇ |

6i66ii65 | 2̇·3̇ 2̇i6 6·665 | 3̇5̇2̇3̇ 5·65 |

5̇·3̇ 2̇3̇ 2̇3̇i2̇ 2̇ | 2̇·5̇ 3̇2̇3̇ i6 5 ‖

《长路引》是坐吹用唢呐引导客人坐席的曲子，吹时讲究气不能断，这样才能体现“长路”的“长”，气断了不仅不好听，主人家也不高兴。

你（刘先华）吹的时候莫吹断嘛，吹断了不好听咧，人家也不高兴的。

口述者：邓龙彪

记　录：吕昕阳

时　间：2018年6月23日

地　点：花坪镇龙王淌

你（向定德）写的这个曲名不对，结婚的时候吹《长路引》，哪个吹《长乐引》咧？《长乐引》是在人家家里死人了做丧事的时候吹的，你试试看在结婚的时候给人家吹《长乐引》，主人家不把你赶走才怪。以后你教徒弟莫教错了。

口述者：邓龙彪、刘先华

记　录：吕昕阳

时　间：2018年6月23日

地　点：花坪镇龙王淌

长 路 引

曲谱传授：刘先华 向定德
采录：吕昕阳
记谱：吴 婧

1=C $\frac{4}{4}$

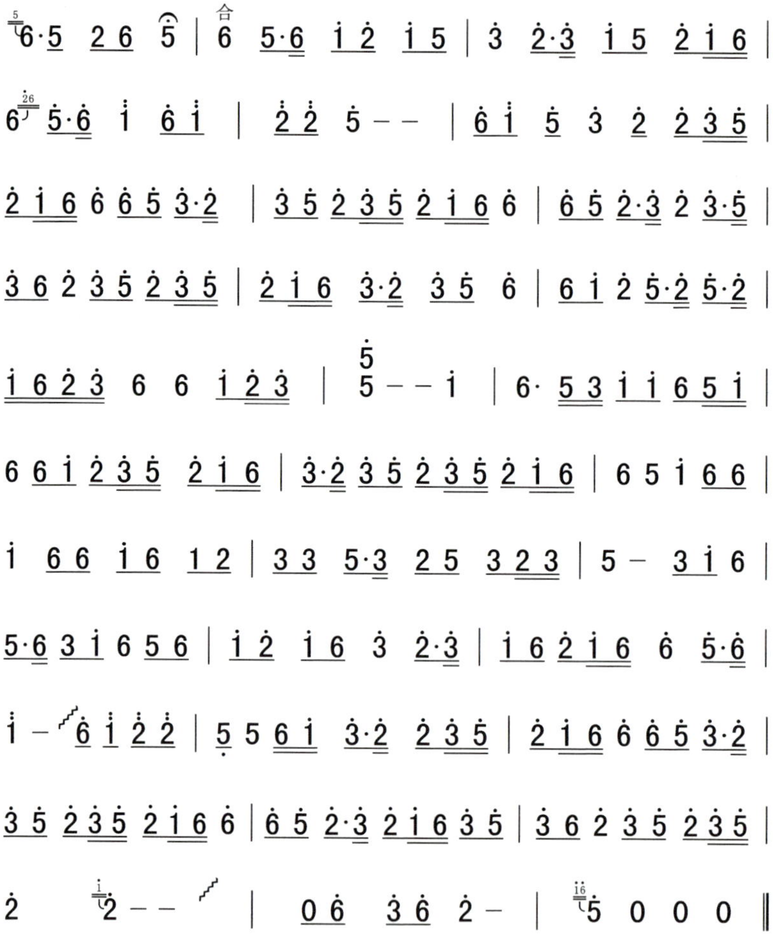

6·5 26 5 | 6 5·6 12 15 | 3 2·3 15 216 |

6 5·6 1 61 | 22 5 – – | 61 5 3 2 235 |

216 6 65 3·2 | 35 235 216 6 | 65 2·3 2 3·5 |

36 2 35 235 | 216 3·2 35 6 | 61 2 5·2 5·2 |

1623 6 6 123 | 5 – – 1 | 6· 53 11 651 |

6 61 235 216 | 3·2 35 235 216 | 6 5 1 66 |

1 66 16 12 | 33 5·3 25 323 | 5 – 316 |

5·6 31 656 | 12 16 3 2·3 | 16216 6 5·6 |

1 – 61 22 | 5 5 61 3·2 235 | 216 6 65 3·2 |

35 235 216 6 | 65 2·3 216 35 | 36 2 35 235 |

2 2 – – | 06 36 2 – | 5 0 0 0 ‖

《乐平》《云里师》《满堂红》《二黄》《浪里淘沙》都是迎接一般客人的坐吹调子，在迎客的时候交替吹奏。

> 《乐平》就是来一般的客人的时候吹的嘛，大概就是“欢乐”和“平安”的意思。

口述者：邓龙彪

记　录：吕昕阳

时　间：2018年6月23日

地　点：花坪镇龙王淌

我给你吹个《云里师》，天上的“云”，老师的“师”。也是关系一般的客人来了吹的。你问我为什么叫这个名字？我也不懂，老一辈这么传下来的。

口述者：刘先华

记　录：吕昕阳

时　间：2018年6月23日

地　点：花坪镇龙王淌

结婚嘛，红红火火，放爆竹满地红，迎客也要满堂红。来了一般的不怎么熟的客人，我们也给他吹个《满堂红》求个喜庆。

口述者：刘先华

记　录：吕昕阳

时　间：2018年6月23日

地　点：花坪镇龙王淌

我刚才吹的这个是《二黄》，关系一般的客人来了吹的。为什么名字叫《二黄》？我也不懂，老师傅这么教我们就这么吹。

口述者：向定德

记　录：吕昕阳

时　间：2018年6月23日

地　点：花坪镇龙王淌

我吹了个《浪里淘沙》，就是河里的浪淘洗那个沙子，这也是迎一般的客人吹的曲子。你看我们吹的这么多首坐吹曲子基本上是两个人吹的，那是因为老一辈结婚的时候男女双方家都至少请两台唢呐，一台坐一边吹着迎客，不是我们故意两个人一起吹的。很多曲子循着老一辈的惯例，必须得两台唢呐搭着吹，不然没味道。

口述者：刘先华

记　录：吕昕阳

时　间：2018年6月23日

地　点：花坪镇龙王淌

乐　平

曲谱传授：邓龙彪
采录：吕昕阳
记谱：吴　婧

1=C $\frac{4}{4}$

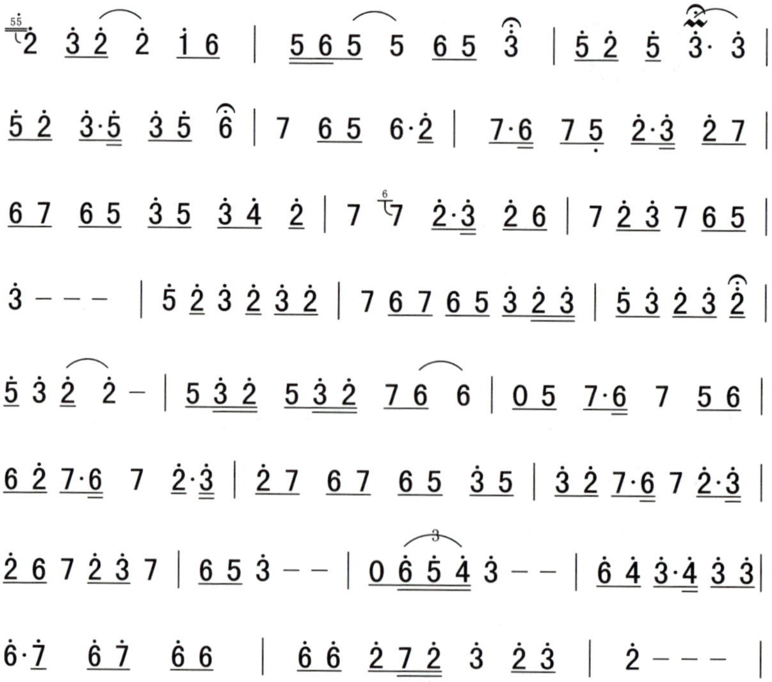

2 32 2 16 | 565 5 65 3 | 52 5 3· 3 |

52 3·5 35 6 | 7 65 6·2 | 7·6 75 2·3 27 |

67 65 35 34 2 | 7 7 2·3 26 | 7 23 7 65 |

3 - - - | 5 2 3 2 3 2 | 7 67 65 3 23 | 5 3 2 3 2 |

5 3 2 2 - | 532 532 76 6 | 05 7·6 7 56 |

62 7·6 7 2·3 | 27 67 65 35 | 32 7·6 7 2·3 |

267 23 7 | 65 3 - - | 0 654 3 - - | 64 3·4 33 |

6·7 67 66 | 66 272 3 23 | 2 - - - |

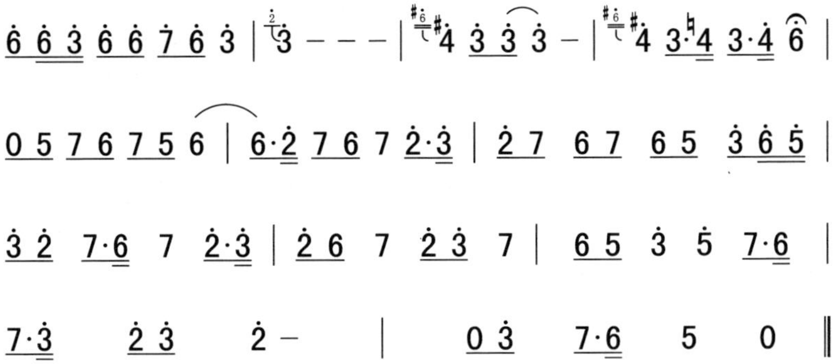

6 6 3 6 6 7 6 3 | 3 - - - | 4 3 3 3 - | 4 3 4 3·4 6 |

0 5 7 6 7 5 6 | 6·2 7 6 7 2·3 | 2 7 6 7 6 5 3 6 5 |

3 2 7·6 7 2·3 | 2 6 7 2 3 7 | 6 5 3 5 7·6 |

7·3 2 3 2 - | 0 3 7·6 5 0 ‖

云里师

曲谱传授：刘先华
采录：吕昕阳
记谱：吴　婧

1=C $\frac{4}{4}$

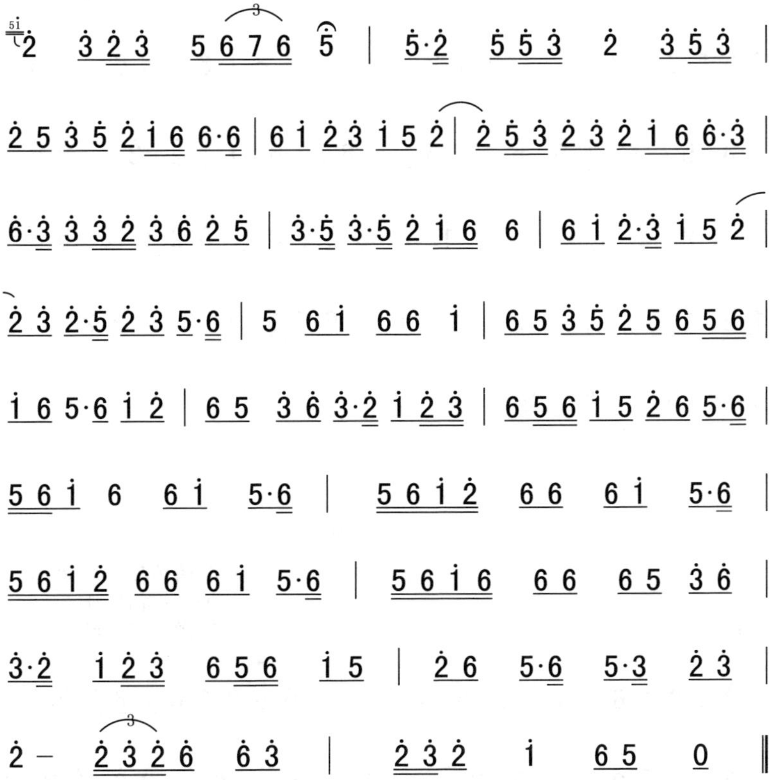

2 3 2 3 5 6 7 6 5 | 5·2 5 5 3 2 3 5 3 |

2 5 3 5 2 1 6 6·6 | 6 1 2 3 1 5 2 | 2 5 3 2 3 2 1 6 6·3 |

6·3 3 3 2 3 6 2 5 | 3·5 3·5 2 1 6 6 | 6 1 2·3 1 5 2 |

2 3 2·5 2 3 5·6 | 5 6 1 6 6 1 | 6 5 3 5 2 5 6 5 6 |

1 6 5·6 1 2 | 6 5 3 6 3·2 1 2 3 | 6 5 6 1 5 2 6 5·6 |

5 6 1 6 6 1 5·6 | 5 6 1 2 6 6 6 1 5·6 |

5 6 1 2 6 6 6 1 5·6 | 5 6 1 6 6 6 6 5 3 6 |

3·2 1 2 3 6 5 6 1 5 | 2 6 5·6 5·3 2 3 |

2 - 2 3 2 6 6 3 | 2 3 2 1 6 5 0 ‖

满 堂 红

曲谱传授：刘先华
采录：吕昕阳
记谱：吴　婧

1=C 4/4

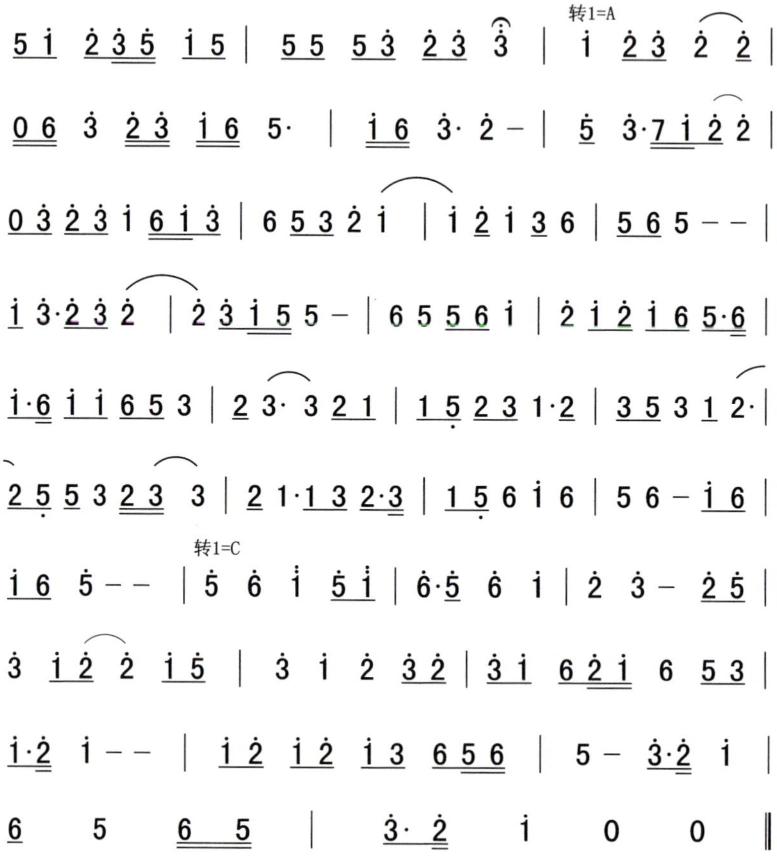

5 1 2 3 5 1 5 | 5 5 5 3 2 3 3 | 转1=A 1 2 3 2 2 |
0 6 3 2 3 1 6 5· | 1 6 3· 2 — | 5 3·7 1 2 2 |
0 3 2 3 1 6 1 3 | 6 5 3 2 1 | 1 2 1 3 6 | 5 6 5 — — |
1 3·2 3 2 | 2 3 1 5 5 — | 6 5 5 6 1 | 2 1 2 1 6 5·6 |
1·6 1 1 6 5 3 | 2 3· 3 2 1 | 1 5 2 3 1·2 | 3 5 3 1 2· |
2 5 5 3 2 3 3 | 2 1·1 3 2·3 | 1 5 6 1 6 | 5 6 — 1 6 |
1 6 5 — — | 转1=C 5 6 1 5 1 | 6·5 6 1 | 2 3 — 2 5 |
3 1 2 2 1 5 | 3 1 2 3 2 | 3 1 6 2 1 6 5 3 |
1·2 1 — — | 1 2 1 2 1 3 6 5 6 | 5 — 3·2 1 |
6 5 6 5 | 3· 2 1 0 0 ‖

二　　黄

曲谱传授：向定德
采录：吕昕阳
记谱：吴　婧

1=C 4/4

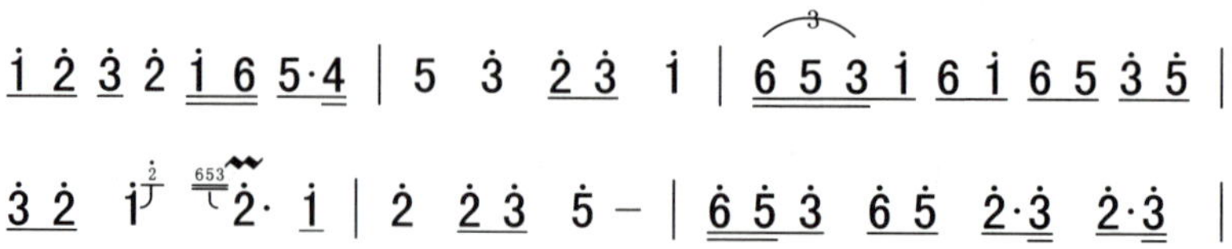

1 2 3 2 1 6 5·4 | 5 3 2 3 1 | 6 5 3 1 6 1 6 5 3 5 |
3 2 1 2· 1 | 2 2 3 5 — | 6 5 3 6 5 2·3 2·3 |

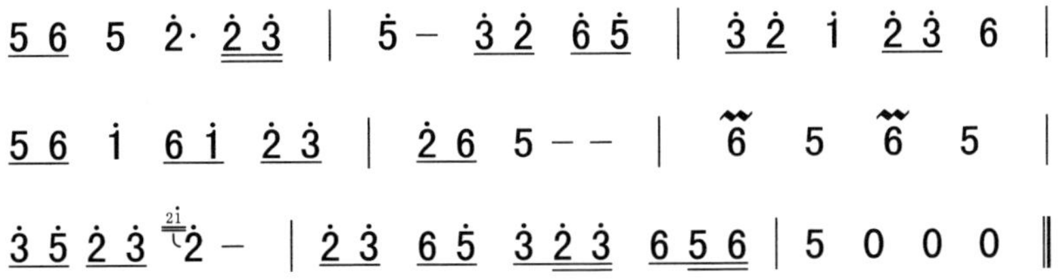

56 5 2· 23 | 5 - 32 65 | 32 1 23 6 |

56 1 61 23 | 26 5 - - | 6 5 6 5 |

35 23 2 - | 23 65 323 656 | 5 0 0 0 ‖

浪里淘沙

曲谱传授：刘先华 向定德
采录：吕昕阳
记谱：吴　婧

1=C $\frac{4}{4}$

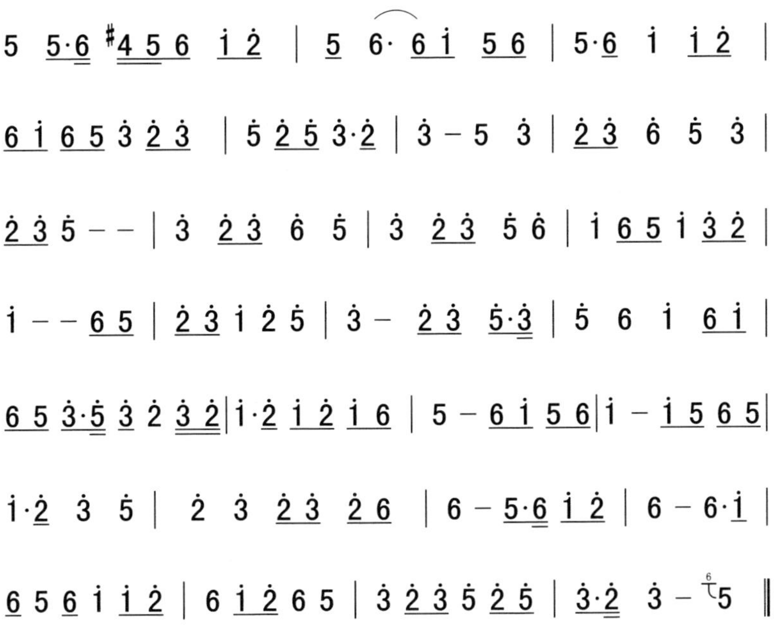

5 5·6 #456 12 | 5 6· 61 56 | 5·6 1 12 |

61 65 3 23 | 5 25 3·2 | 3 - 5 3 | 23 6 5 3 |

23 5 - - | 3 23 6 5 | 3 23 5 6 | 1 65 1 32 |

1 - - 65 | 23 1 2 5 | 3 - 23 5·3 | 5 6 1 61 |

65 3·5 3 2 32 | 1·2 12 16 | 5 - 61 56 | 1 - 15 65 |

1·2 3 5 | 2 3 23 26 | 6 - 5·6 12 | 6 - 6·1 |

656 1 12 | 6 12 65 | 3 23 5 25 | 3·2 3 - 5 ‖

《茶调》《饭调》《戏调》是客人坐席后坐吹的唢呐手吹奏的曲目。《茶调》《饭调》一吹响，主人家就知道客人已经入席了，需要上茶上饭了。《饭调》是为了给客人等茶水饭食的过程中解闷用的。有时候来的客人较多，主人家怕招呼不到位，就请坐吹多吹一会儿曲子给客人欣赏，消磨时间。

《茶调》一响起，他们主人家就要晓得动起来：客人来了，要上茶喽。这个时候上茶的人听到《茶调》吹起来了就喊一声："上茶喽！"接着把茶端到桌上分给客人喝。这个时候听到茶调子还不赶快上茶的主人家要被客人讲的，所以不管手里有没有活儿，都要应一声："上茶喽！"

口述者：邓龙彪

记　录：吕昕阳

时　间：2018年6月23日

地　点：花坪镇龙王淌

进门一杯茶嘛，人家来你们家吃喜酒总是先要讨杯茶喝的。但是客人太多了主人家总有顾不到的时候，就怕忘了招呼人家，所以我们唢呐就要吹《茶调》告诉他们，要赶紧上茶了。

口述者：刘先华

记　录：吕昕阳

时　间：2018年6月23日

地　点：花坪镇龙王淌

《饭调》是吃饭的时候吹的曲子。唢呐们（唢呐手）看到客人喝茶喝得差不多了，就要催主人家上饭了，这个时候就吹《饭调》，主人家听到了也要应一声："上饭喽！"然后把饭菜端上桌。

口述者：向定德

记　录：吕昕阳

时　间：2018年6月23日

地　点：花坪镇龙王淌

《戏调》是给客人等茶和饭菜的时候消磨时光的，跟人家外头唱戏的调子很像，不会觉得等的时间久了闷得慌，娃儿听了好笑，大人听了好玩，就不会怪罪主人家上茶、上菜慢了。所以我们在吹《戏调》的时候得好好吹、认真吹，不然人家就觉得你吹的不好听了，等得也不耐烦了，火气也上来了。

口述者：邓龙彪

记　录：吕昕阳

时　间：2018年6月23日

地　点：花坪镇龙王淌

茶　调

曲谱传授：邓龙彪
采录：吕昕阳
记谱：吴　婧

1=A 4/4

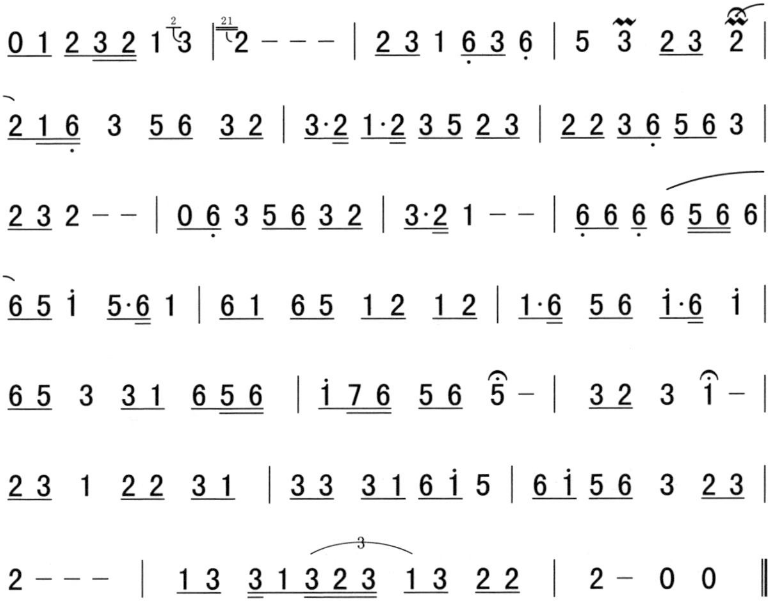

0 1 2 3 2 1 3 | 2 - - - | 2 3 1 6 3 6 | 5 3 2 3 2 |

2 1 6 3 5 6 3 2 | 3·2 1·2 3 5 2 3 | 2 2 3 6 5 6 3 |

2 3 2 - - | 0 6 3 5 6 3 2 | 3·2 1 - - | 6 6 6 6 5 6 6 |

6 5 1̇ 5·6 1 | 6 1 6 5 1 2 1 2 | 1·6 5 6 1̇·6 1̇ |

6 5 3 3 1 6 5 6 | 1̇ 7 6 5 6 5 - | 3 2 3 1̇ - |

2 3 1 2 2 3 1 | 3 3 3 1 6 1̇ 5 | 6 1̇ 5 6 3 2 3 |

2 - - - | 1 3 3 1 3 2 3 1 3 2 2 | 2 - 0 0 ‖

饭　调

曲谱传授：邓龙彪 向定德
采录：吕昕阳
记谱：吴　婧

1=C $\frac{4}{4}$

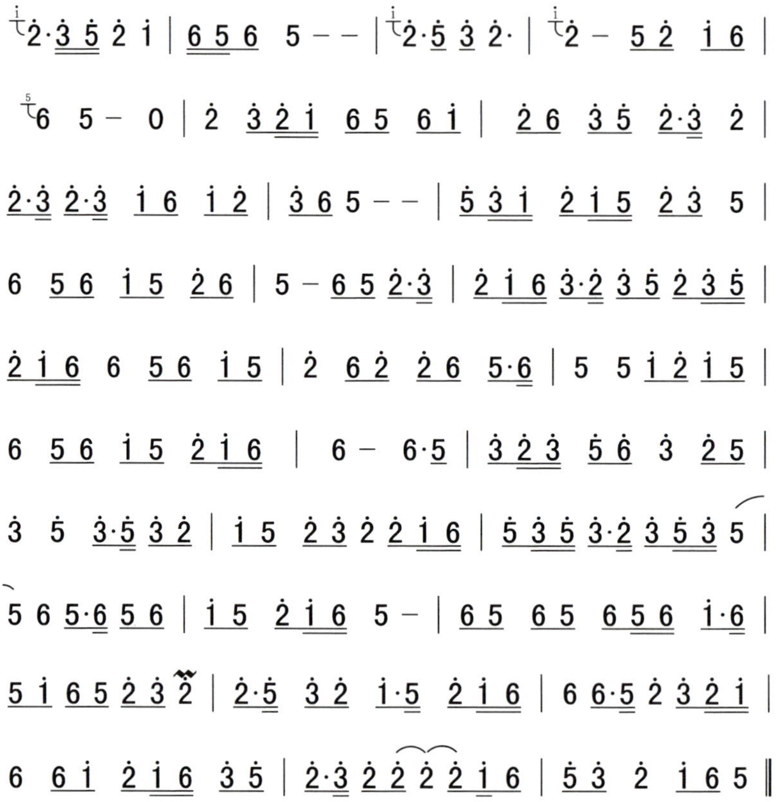

2·3 5 2 1 | 6 5 6 5 – – | 2·5 3 2· | 2 – 5 2 1 6 |

6 5 – 0 | 2 3 2 1 6 5 6 1 | 2 6 3 5 2·3 2 |

2·3 2·3 1 6 1 2 | 3 6 5 – – | 5 3 1 2 1 5 2 3 5 |

6 5 6 1 5 2 6 | 5 – 6 5 2·3 | 2 1 6 3·2 3 5 2 3 5 |

2 1 6 6 5 6 1 5 | 2 6 2 2 6 5·6 | 5 5 1 2 1 5 |

6 5 6 1 5 2 1 6 | 6 – 6·5 | 3 2 3 5 6 3 2 5 |

3 5 3·5 3 2 | 1 5 2 3 2 2 1 6 | 5 3 5 3·2 3 5 3 5 |

5 6 5·6 5 6 | 1 5 2 1 6 5 – | 6 5 6 5 6 5 6 1·6 |

5 1 6 5 2 3 2 | 2·5 3 2 1·5 2 1 6 | 6 6·5 2 3 2 1 |

6 6 1 2 1 6 3 5 | 2·3 2 2 2 2 1 6 | 5 3 2 1 6 5 ‖

戏　调

曲谱传授：邓龙彪
采录：吕昕阳
记谱：吴　婧

1=C $\frac{4}{4}$

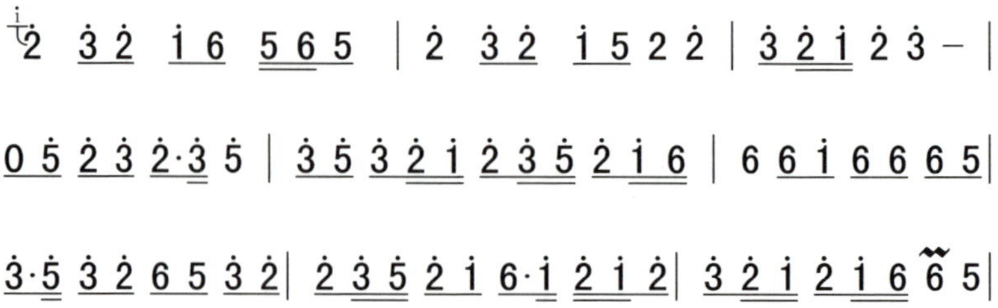

2 3 2 1 6 5 6 5 | 2 3 2 1 5 2 2 | 3 2 1 2 3 – |

0 5 2 3 2·3 5 | 3 5 3 2 1 2 3 5 2 1 6 | 6 6 1 6 6 6 5 |

3·5 3 2 6 5 3 2 | 2 3 5 2 1 6·1 2 1 2 | 3 2 1 2 1 6 6 5 |

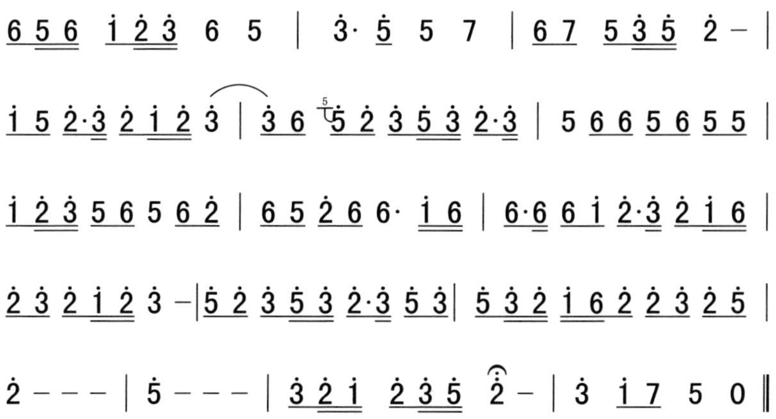

6 5 6 1 2 3 6 5 | 3· 5 5 7 | 6 7 5 3 5 2 – |

1 5 2·3 2 1 2 3 | 3 6 5 2 3 5 3 2·3 | 5 6 6 5 6 5 5 |

1 2 3 5 6 5 6 2 | 6 5 2 6 6· 1 6 | 6·6 6 1 2·3 2 1 6 |

2 3 2 1 2 3 – | 5 2 3 5 3 2·3 5 3 | 5 3 2 1 6 2 2 3 2 5 |

2 – – – | 5 – – – | 3 2 1 2 3 5 2 – | 3 1 7 5 0 ‖

戏　调

曲谱传授：邓龙彪 向定德
采录：吕昕阳
记谱：吴　婧

1=C $\frac{4}{4}$

2 3 5 2 2 1 5· | 5·5 2 3 5 2 | 1 5 2 3 5 2 3 |

5 2 3 5 2 3 5 | 5·3 5·3 2 1 2 3 5 | 6 6 – 1 |

6·5 6 1 2 3 5 2 1 6 | 2 3 2 3 2 3 – | 5 2 3 5 3 2·3 5 3 |

5 3 2 2 3 5 2 1 6 6 | 1 6 6 1 6 5 3·5 3 2 |

1 6 3 2 2 3 5 2 1 | 6 6 1 2 3 1 2 3·2 2 1 6 |

6 5 6 1 2 1 | 6 5 3·2 3 5 | 6 1 6 – | 3·5 2 – – |

1 5 6 2 3 2 3 2 3 | 3·5 5 2 3 5 3 | 2 3 5 3 6 6 5 3 6 |

5 3 2·3 6 6 5 | 1 2 1 5 2 6 6 | 1 6 1 6 5 2 3 2 6 |

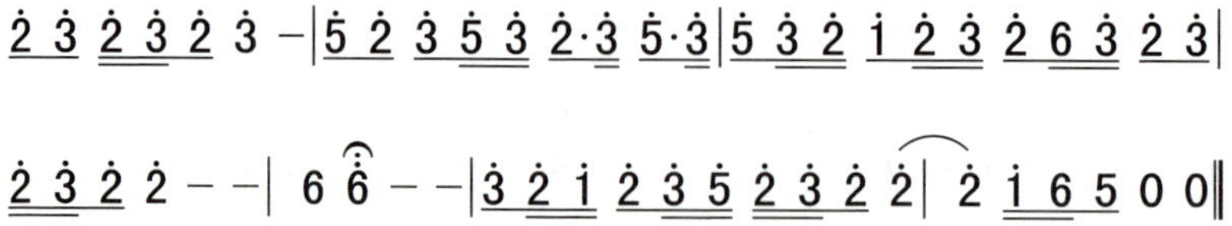

2 3 2 3 2 3 – | 5 2 3 5 3 2·3 5·3 | 5 3 2 1 2 3 2 6 3 2 3 |

2 3 2 2 – – | 6 6 – – | 3 2 1 2 3 5 2 3 2 2 | 2 1 6 5 0 0 ‖

3. 接送高亲

“高亲”在建始县土家族里是对亲家长辈的尊称，在婚礼过程中接送高亲所吹的曲子是特定的，结婚当天接高亲时要吹《新竹叶青》，第二天送高亲时要吹《老竹叶青》，丝毫不得怠慢。

我们土家族人讲的“高亲”“高亲客”讲的就是亲家长辈，但是土家族讲究“抬头嫁女儿，低头娶媳妇”，所以多数情况下“高亲”指的是女方家的爷爷奶奶和父母，如果是入赘婚，则指的是男方的。

口述者：黄美清

记　录：吕昕阳

时　间：2018年7月18日

地　点：高坪镇妇联办公室

“高亲”就是亲家公、亲家母。我们家大姑娘招的是上门女婿，所以高亲是我大女婿他爸妈，他们家就他一个儿子，结婚的前天晚上他们家还做了“陪十弟兄”。

口述者：YHM

记　录：吕昕阳

时　间：2018年7月19日

地　点：三里乡石牌村

高亲客，怠慢不得。接送高亲的时候吹的曲子自然与迎客的不同，不仅要吹唢呐，还要敲锣。《新竹叶青》是结婚当天请高亲客进门吃饭吹的曲子，《老竹叶青》是第二天送高亲客的时候吹的曲子。

口述者：邓龙彪

记录：吕昕阳

时间：2018年6月23日

地点：花坪镇龙王淌

头一天结婚了之后还要留两台唢呐，最少是一台，因为第二天送高亲客的时候要用唢呐吹《老竹叶青》送客，以表尊重。

口述者：向定德

记　录：吕昕阳

时　间：2018年6月23日

地　点：花坪镇龙王淌

《新竹叶青》和《老竹叶青》是专门给高亲客享用的，别个不能用。

口述者：刘先华

记　录：吕昕阳

时　间：2018年6月23日

地　点：花坪镇龙王淌

新竹叶青

曲谱传授：刘先华 向定德

采录：吕昕阳

记谱：吴　婧

1=C 4/4

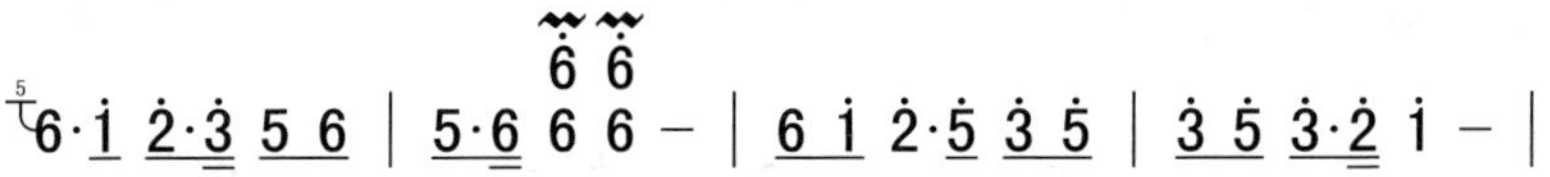

6·1̇ 2̇·3̇ 5 6 | 5·6 6 6 – | 6 1̇ 2̇·5̇ 3̇ 5̇ | 3̇ 5̇ 3̇·2̇ 1̇ – |

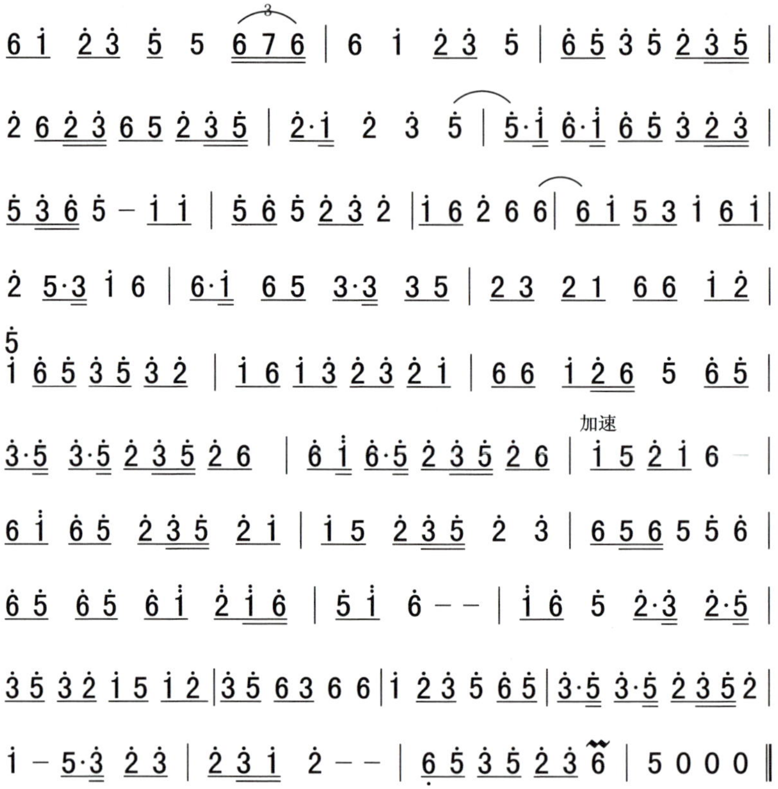

6 1 2 3 5 5 6 7 6 | 6 1 2 3 5 | 6 5 3 5 2 3 5 |

2 6 2 3 6 5 2 3 5 | 2·1 2 3 5 | 5·1 6·1 6 5 3 2 3 |

5 3 6 5 – 1 1 | 5 6 5 2 3 2 | 1 6 2 6 6 | 6 1 5 3 1 6 1 |

2 5·3 1 6 | 6·1 6 5 3·3 3 5 | 2 3 2 1 6 6 1 2 |

5
1 6 5 3 5 3 2 | 1 6 1 3 2 3 2 1 | 6 6 1 2 6 5 6 5 |

加速

3·5 3·5 2 3 5 2 6 | 6 1 6·5 2 3 5 2 6 | 1 5 2 1 6 – |

6 1 6 5 2 3 5 2 1 | 1 5 2 3 5 2 3 | 6 5 6 5 5 6 |

6 5 6 5 6 1 2 1 6 | 5 1 6 – – | 1 6 5 2·3 2·5 |

3 5 3 2 1 5 1 2 | 3 5 6 3 6 6 | 1 2 3 5 6 5 | 3·5 3·5 2 3 5 2 |

1 – 5·3 2 3 | 2 3 1 2 – – | 6 5 3 5 2 3 6 | 5 0 0 0 ‖

老竹叶青

曲谱传授：刘先华 向定德
采录：吕昕阳
记谱：吴　婧

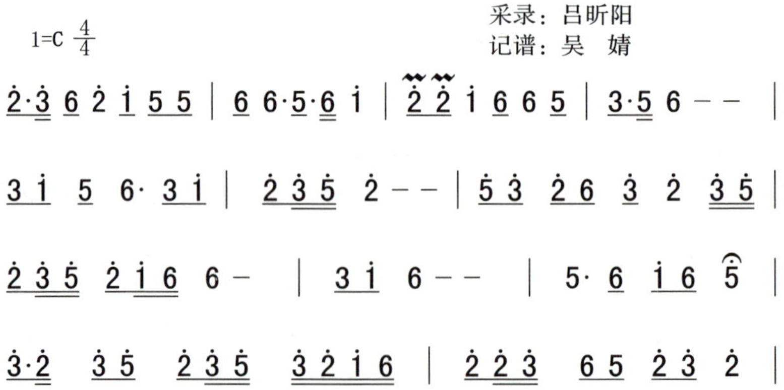

1=C $\frac{4}{4}$

2·3 6 2 1 5 5 | 6 6·5·6 1 | 2 2 1 6 6 5 | 3·5 6 – – |

3 1 5 6· 3 1 | 2 3 5 2 – – | 5 3 2 6 3 2 3 5 |

2 3 5 2 1 6 6 – | 3 1 6 – – | 5· 6 1 6 5 |

3·2 3 5 2 3 5 3 2 1 6 | 2 2 3 6 5 2 3 2 |

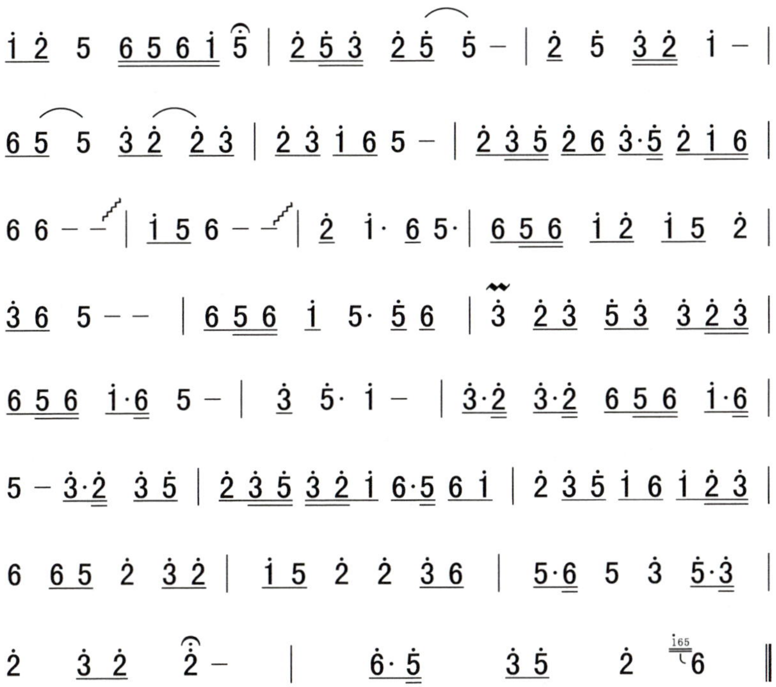

1̇ 2̇ 5 6 5 6 1̇ 5̇ | 2̇ 5̇ 3̇ 2̇ 5̇ 5̇ – | 2̇ 5̇ 3̇ 2̇ 1̇ – |

6 5 5 3̇ 2̇ 2̇ 3̇ | 2̇ 3̇ 1̇ 6 5 – | 2̇ 3̇ 5̇ 2̇ 6 3̇·5̇ 2̇ 1̇ 6 |

6 6 – – | 1̇ 5 6 – – | 2̇ 1̇· 6 5· | 6 5 6 1̇ 2̇ 1̇ 5 2̇ |

3̇ 6 5 – – | 6 5 6 1̇ 5· 5 6 | 3̇ 2̇ 3̇ 5̇ 3̇ 3̇ 2̇ 3̇ |

6 5 6 1̇·6 5 – | 3̇ 5̇· 1̇ – | 3̇·2̇ 3̇·2̇ 6 5 6 1̇·6 |

5 – 3̇·2̇ 3̇ 5̇ | 2̇ 3̇ 5̇ 3̇ 2̇ 1̇ 6·5 6 1̇ | 2̇ 3̇ 5̇ 1̇ 6 1̇ 2̇ 3̇ |

6 6 5 2̇ 3̇ 2̇ | 1̇ 5 2̇ 2̇ 3̇ 6 | 5̇·6 5 3̇ 5̇·3̇ |

2̇ 3̇ 2̇ 2̇ – | 6̇· 5 3̇ 5 2̇ 6 ‖

（二）记谱说明

鉴于乐手的特殊性，在对其音乐特点的分析前必须作几点说明：

1. 所有的谱子中C调实际音高为#C调，A调实际音高为bA调，包括转调曲目，只有运用这两个调式才能自然转换。

2. 由于此地方乐曲为口传心授的传承方式，大多数演奏者没有经过专业音乐培训，其演奏节奏和音乐与实际记谱会有一些出入。

3. 散板较多，例如《一配松》里面大量地应用自由长音来表现及模仿哭嫁时的声音，所以记谱用自由延长符号记谱。

4. 实际曲目中，由于唢呐演奏方式不同于其他乐器，长音尾部多有向上或者向下的长挑音，由于受到格式要求，在实际谱面中不便记载。

5. 关于受访者提供的《节节高》《马和尚过江》《风搅雪》《刮地风》《铁脚板》《龙摆尾》《狮子滚绣球》这7首曲子无法呈现在文档中的原因有以下两点：首先，其提供的简谱因其本人未吹奏且不会吹奏，笔者无法采录音频，后期无法将曲谱呈现在文档上；其次，所提供的简谱上无固定调式、节拍，只有音符，不符合打谱软件录入要求，无法录入。

6. 调式简单，具有一定的地方性，在21首已记谱的曲目中可以找到相似的曲调特点及行曲规律。

三、建始土家族婚礼唢呐音乐传承分析

建始土家族婚礼唢呐音乐风格鲜明，特点突出，完美展现了土家族民俗婚礼喜悲交加的复杂情绪，在强调文化多元化的当代社会中属于不可多得的一个范本，值得我们去保护和传承。在保护和传承的过程中又可将其分为“原生态保护”和“再生态传承”两个部分，两个部分不可偏废，要同时进行。

（一）原生态保护

原生态保护指的是尽可能地挖掘、抢救建始土家族民俗婚礼唢呐音乐的原始谱本、口传资料，这一措施要在“文化空间”这一概念的指导下实施。“文化空间”为联合国教科文组织在保护非物质文化遗产时常用的概念，一是指该种民俗举行时特定的时间和空间的结合体，二是指该种民俗产生与运用都离不开的自然环境和人文环境。此处说的保护土家族婚礼唢呐音乐的文化空间，落脚点应在保护其自然环境和人文环境上。

首先要保护其传承的自然环境。建始土家族婚礼唢呐曲目中有不少是与接亲队伍跋山涉水相关的，如《苦上坡》《转游街》《马和尚过江》，还有一些曲目如《节节高》《狮子滚绣球》《龙摆尾》《刮地风》等。前文有提到唢呐传承人只提供了自己记下的谱子，但是不会吹，其中一个原因就是其传承的自然环境消失了。自然环境的改变使得传承人没有使用此类曲目的地方，所以渐渐地就不吹了。

在此情况下，举办婚礼的主人家觉得既然路吹都没有几首曲子可以吹了，请了也没有意义，所以也不请路吹了，只请坐吹。上文中三里乡石牌村YHM家大女儿办民俗婚礼时就没有请路吹，即便是民宗局的工作人员来录像了，他们也没有请路吹。这是因为现代婚礼都是以轿车娶亲多，大多数新式公路取代了以前的土坡和土桥，也没有以前的脚夫抬嫁妆和轿子的场面，久而久之民众就淡忘了娶亲路上的唢呐，在复兴民俗婚礼时索性不请路吹。在访谈“陪十姊妹”传承人时可知，如今多数民俗婚礼都是在景区举办的。为了更好地传承原生态的婚礼民俗音乐，景区在开发时应尽量不要破坏自然风貌，让娶亲队伍中的唢呐音乐传承人能有贴近原始自然风貌的地理条件去实践其所学知识。该有的青山绿水不要为了一时的便利而去破坏，让人们能直观地感受到传统婚礼中接亲队伍是如何爬坡和过河的。

其次要保护其传承的人文环境。建始县土家族婚礼唢呐音乐多为师徒间口传心授，无固定谱本，性质特殊。由于年轻人大量外出务工，没有人传习唢呐技艺，建始县土家族民俗婚礼唢呐音乐呈现青黄不接的局面。访谈中刘先华一边摆弄着一盒子的哨片一边苦笑说：“现在人家结婚又不兴请唢呐，以后要有红白喜事请唢呐的就你们上，我就不去了，我天天给你们扎哨片。”土家族的传统婚礼最少要请三台唢呐，男女双方家门口各一台坐吹，接亲路上一台路吹。有时候接亲的路途遥远，为了让唢呐手可以交替休息，路吹要请两台。这次访谈请到的三位唢呐手已经是附近村庄中技艺最好的。刘先华对吹唢呐这一副业的失望，从侧面反映了当地唢呐艺术人文环境的消失。对建始土家族婚礼唢呐音乐进行原生态保护，要将政府与民众结合起来。第一，政府要积极引进一批音乐人才定期对当地原生态唢呐音乐进行挖掘和抢救。专人做专事，只有专业的音乐人才才能将原生态唢呐音乐完整地记录并还原、呈现在文本中，使原生态唢呐音乐不再局限于口传心授。还要引进专业的摄影人才将老传承人吹奏的原生态乐曲记录、保存，选准拍摄的角度，有利于新传承人的模仿传习。在此基础上还要加大对传承人的保护力度，提高新、老传承人的文化自信，为其营造一个安全、舒适的固定传承场所，协助其定期举办传承研习班，为其宣传并招收新传承人。第二，老传承人要积极配合政府的工作，将自己的本事毫无保留地教授给新传承人。年轻人也要提高文化保护意识，增强对优秀传统文化的认识，提高文化自信，自觉投身文化保护行业。同时还要提高思辨能力，在传承的过程中正确传承原生态的民俗婚礼唢呐音乐，不可将优秀的传统精髓抛弃。

（二）再生态保护

建始县土家族民俗婚礼唢呐音乐的再生态保护要在“文化转换式传承”的指导方针下进行。“转换式传承”，就是在保存优秀文化的基础上借鉴、吸收其他优秀文化，去其糟粕，并且要利用好如今互联网井喷的势头，对其进行再生态保护。

第一，创建意义场。符号是携带意义的感知，意义一旦不存在，符号也就失去了存在的价值。“陪十姊妹”传承人周福春在访谈中说：“我们那个年代听到这些曲子眼泪都流下来了，但是现在的年轻人听不懂，他们体会不到，我们在景区展演他们还觉得好笑。”年轻人笑是因为土家族民俗婚礼唢呐音乐的符号在他们的脑海中并没有携带意义，所以他们听着这些曲子大脑没办法解码，自然不会对传承人的心境感同身受。这都是这类唢呐音乐与年轻人的生活毫不相干造成的，解释婚礼唢呐音乐的意义场不存在。“陪十姊妹”传承人周家芝在访谈中说：“这些‘陪十姊妹’歌我本来是记不全的，但是我洗衣做饭的时候都哼着，哼着哼着就把一首曲子哼全了，你说神奇不神奇？”这就强调了符号意义的沉淀，要经过其反复出现后形成。要对建始县土家族婚礼唢呐音乐进行再生态保护，首先要为其创建意义场。最直接的方法就是让婚礼唢呐音乐进中小学课堂。建始县土家族婚礼习俗本身就具有丰富的教养知识，在传习这些优秀传统文化的过程中适当导入婚俗音乐，可以让青少年直接接触本民族的民俗文化。当然，为了吸引青少年的学习兴趣，不能直接导入原生态的民俗音乐，应在适应青少年审美的基础上对音乐进行合理的改造，确保大致保存其原貌。

第二，改造并传承。有关部门要综合利用新媒体资源，对建始县土家族婚礼唢呐音乐进行符合当代人审美的合理改造，利用新媒体传播信息的及时性和广布性，录制景区展演的实况向外传播。还可以借助网络平台招募本地的、外地的在网络上有一定知名度的人士参与民俗婚礼，通过他们的自媒体账号向外扩张婚礼唢呐音乐的影响力。同时，政府还应该重视与高校的合作，定期派传承人到高校音乐学院进修，学习识谱、记谱的知识。这也是让高校学子更好地接触传承人的机会，可以加深学生对非物质文化遗产保护工作的认识，为保护和传承建始土家族婚礼唢呐音乐培养后备力量。

对于建始县土家族婚礼唢呐的保护不能单靠政府的指挥，也不能只靠传承人“姜太公钓鱼”式的传承方式，更不能只靠学者的摇旗呐喊，而是要结合多方的力量。这是一条崎岖又漫长的路，需要抱团前行。愿建始县土家族婚礼的唢呐在朝阳中长鸣，在黄昏中不绝，不再重蹈《百鸟朝凤》的覆辙！

建始土家族哭嫁歌传承人的民族志记述

刘俊妍[①]

歌者，天生乐天而忘忧也；歌者，阅人之感而记述之；歌者，民族之魂传承者乎。建始县土家族哭嫁歌传承人这个群体，对于土家族婚俗传统的现实诠释都幻化在其悲亢的歌声当中。

土家族婚俗中有哭嫁的仪式，在鄂西土家族聚居地区由来已久，并延续至今。土家族女儿出嫁前一天，要宴请前来道喜的众多宾客。在喜宴结束（毕席）之后，具有中国咏叹调风格的“陪十姊妹”就要开始“上演”了。在堂屋正中央拼起两张八仙桌，四周摆上长条板凳，桌上铺红布或者桌布，称之为“打镶桌”。在镶桌上摆上一对红烛，桌子中间摆上糖果、花生、瓜子、糕点等食物，也可以摆上小菜、凉菜或其他吃食，由都管安排整个仪式。首先，要将“陪十姊妹”的姑娘一齐请到堂屋的一旁，音乐声响起，“陪十姊妹”的仪式开始。接着，由安席的人（一对中年妇女）围绕方桌进行安席仪式。然后将新娘请出坐于桌正中的上位，陪伴的两个姑娘（伴娘）坐在新娘左右，其他女子依次而坐，男方迎亲的姑娘也要入座。安席完毕之后，由礼生念开令辞。开令后，由伴娘其中的一位领唱开台歌，开台歌后正式唱十姊妹歌。演唱者自由演唱，围观的人皆可参与演唱，互动性和参与性较强。

中南民族大学文学与新闻传播学院土家族婚俗研究调查组，先后两次赴湖北省建始县高坪镇的八角村、桑园坝村，望坪社区，

---

① 刘俊妍，中南民族大学文学与新闻传播学院2018级博士研究生。

三里乡石牌村，花坪镇的龙王淌等村（社区）采用个别访谈与小组访谈形式，实地访谈了土家族哭嫁歌传承人13人，并将其分为一级传承人和二级传承人。一级传承人为直接传承者，其哭嫁歌传承来源于直系亲属并长期存在于其生命历程中；二级传承人为间接传承人，其哭嫁歌传承来源于一级传承人，并间接接触和传播哭嫁歌。

一级传承人（3人）：黄美清、姜化军、郭清旭

二级传承人（10人）：侯敬芝、周福春、姚永忠、周家芝、姜红旭、蔡　萍、侯静梅、蔡祖菊、付光莉、苏　雪

按照年龄分布，传承人为老中青三代，其中60岁以上1人，60岁以下35岁以上10人，35岁以下2人。

一、一级传承人

（一）黄美清

黄美清，出生于一个艺术氛围浓郁的家庭，她从小在文艺气息浓郁的环境下成长，被朋友们戏称为“黄五姐”。其外祖父郭德宣，是湖北省省级非物质文化遗产建始南乡锣鼓的传承人。舅舅郭自鄢1957年在北京“百花齐放”民族歌舞展演中演奏南乡锣鼓获奖并受到了周恩来总理等党和国家领导人接见。奶奶喜欢唱一些“陪十姊妹”等民歌，

爷爷不仅会唱很多民歌还喜欢说书，《隋唐演义》等小说本信手拈来，母亲已七十多岁，对当地民俗文化如数家珍，会唱《开台歌》《圆台歌》等数十首哭嫁歌。

经历

1979年至1988年，在高坪中小学读书，担任班级大队长、学生

会文艺骨干。

1988年至1991年，在建始一中读书，担任学校广播播音员。

1991年至1993年，在鄂西工校（中专）读书，担任宣传部部长。

1993年至2008年，组织高坪镇民乐队，多次参加文艺演出活动，其间还参与南乡锣鼓非物质文化遗产的申报工作。

2008年组建“爱心妈妈快乐女人俱乐部”。开始俱乐部活动以拉丁舞和健美操为主，想让妇女们都有个强健的体魄，远离麻将桌。后来她认为光健身不够，要与民族民俗文化相结合，开始组建“陪十姊妹”的队伍。

黄美清现任建始县高坪镇妇联主任、旅游开发办主任、女子民兵连连长、财政所副所长。

家庭影响

黄美清小时候就参与“陪十姊妹”。母亲和大姑妈都会唱，而且大姑妈是方圆十里远近闻名的女都管。

热爱之心

黄美清喜欢搜集歌词和曲调，下乡的时候，听到有老人唱这些民歌就记录下来，很早之前就收录了《十哭》等哭嫁歌。真正开始较详细地整理哭嫁歌曲，是2012年石门河景区征地，她担任旅游办主任之后，认识到凡是有景区的地方，必须要有地方特色文化作为积淀。2013年她开始搜集民歌，2015年协助高坪镇石门河景区举办建始县第一届土家族民俗婚礼，在“陪十姊妹”仪式中，按安席、开令、哭嫁仪式进行原生态的复原展演。

十姊妹队伍培训

她通过录音、录像等多种形式，从乡间搜集各种现存的歌调和歌词，然后请高坪民乐队帮忙谱曲，谱曲之后再教给十姊妹队伍成员演唱。开始参加培训的有15人左右，主要培养二三十岁左右的年轻人。这支队伍与专业院校合作不太实际，但是建立培训基地十分必要。而主要困难在于培训场地，因培训不可能在家中进行，需要固定场地，寻找合适的场地成为了黄美清头疼的大问题。黄美清说："因哭嫁歌带有悲伤、哀愁的情绪，其中包含了感恩父母的养育之恩、哥嫂的陪伴之恩（各种生产生活手艺的指导）、邻里和睦互助的感情、内心的依依不舍之情、长辈的谆谆教导，这些都是通过歌声来表达的。而女性在感受之时，难免会有情绪的调动。农村地区又十分忌讳在家中哭泣，所以在选择场地时有不少的麻烦。"

文化的传承依靠自觉和喜好，队伍都是用闲暇的时候来进行培训和演唱，并在实际婚礼中展演。群众文化的发展是依靠群众，来源于群众，扎根于群众之中。现在"陪十姊妹"的队伍，在老中青三代中基本成型，每个个体的努力成就了整个队伍，"陪十姊妹"仪式得到了有效传承。"陪十姊妹"作为建始土家族婚俗表演形式成为很多家庭举行婚礼中不可或缺的仪式。在土家族婚俗婚礼仪式这个动态民俗文化的传承弘扬中，组建队伍、加强培训成为民俗文化传播的重要方式。

传承

安席就是在告知周围参加喜宴的来宾们，要开始哭嫁仪式了。所有来宾的注意力开始集中后，都管就开始协调整个仪式的各个步骤衔接。这其实是一个整体，也就是仪式需要具有的完整性。婚礼的一套仪式下来，不只是前期哭嫁，还包含了新娘出门时由哥哥或者弟弟背出闺房、在堂屋辞别祖先，其中站位、行礼等步骤都是十分讲究的。每次黄美清下乡的时候，就会去问村里的老人关于婚俗的各种问题，来不断地完善呈现出的婚礼仪式。每次搜集到的民歌，必须是老百姓口耳相传的民歌，这才是真正来源于人民群众中的文化遗产。近年来，从哭嫁歌的搜集整理到学唱、教唱，最后到传唱这样一个过程历经了几度轮回，希望能够培养更多的年轻人加入到队伍中来，在学唱过程中感受其文化魅力。黄美清多次筹划和举办土家族民俗婚礼，想让土家民族文化不仅是得到保留，而且希望其有创新力量的注入，能够有更加灿烂的传承和可持续发展，提倡有文化内涵并勤俭朴实的婚礼文化，为新农村的文化建设探索新思路。2015、2016年，黄美清在建始县黄四姐民俗婚礼上带领“陪十姊妹”的队伍进行原生态演唱；为央视七套的《乡约·金建始》栏目——走进石门河景区开篇进行“陪十姊妹”的宣传活动；在湖北省电视台《和事佬》策巴子姐妹旅行团栏目中演唱并解说《十杯酒》《十月小阳春》，宣传高坪镇石门河景区自然风光，并将土家族婚俗文化展现在荧屏之上。

（二）姜化军

姜化军，初中文化水平，有吹拉弹唱之好。家中有兄弟姊妹，一姐五兄，排行老幺。自幼随双亲从重庆迁徙至建始县高坪镇望坪社区，现居19组。其母曾传英，会唱多首哭嫁歌，习得哭嫁歌真传。其中家里老大姜化忠喜好拉二胡，能唱多首民歌。老二姜化崇，很会唱歌，远近闻名，已逝世。姜化军于1990年结婚，有一儿一女。儿子（2001年出生）在建始职高读高二，女儿（1992年出生）未婚。其爱人会唱部分哭嫁歌，儿女不会唱民歌而喜欢流行音乐。

人生经历

姜化军记事以来便跟着村里的老人学唱。5岁半开始上学，并帮家里做农活。初中毕业之后，去砖瓦厂学了泥瓦匠，做瓦筒。两年（1982年）之后，开始学石匠。在外务工将近20年，在四川务工的时候，闲暇之余教工友和老板的孩子唱歌，教小孩子唱《癞蛤蟆歌》（也叫《算账歌》）。

“陪十弟兄”（结婚当天）过程

毕席。

都管开始安排整个仪式流程。

厨房伙夫端出猪膀坨，筷子插在正中央，碗底有一张红纸（意思是讨要红包）。

桌上摆放葵花（瓜子）、饼干等一系列副食。唱歌的人享用，围观的人也可以吃。但一般而言，桌上的吃食是给唱歌的人准备的。

开令。

敬祖仪式。

开台歌。

“陪十弟兄”开始。

唱《十爱》《十想》《怀胎歌》《十劝》等。

坐席的必须是未婚，已婚的只能站着，但是可以唱。

桃园子“陪十弟兄”经历

二十多年前，在桃园子村的一户人家接（娶）媳妇，姜化军参与了“陪十弟兄”。当时是被主人家请去，其余参加人都不相识，并且还用录音机录了磁带。

“都管先生放了一挂鞭炮，将我请进门。都管先生说：‘这是请歌先生来哒。’”

“大大小小、老老少少的都开始围着方桌，都管先生把他的录音机拿来，把之前的歌都洗掉了，把我唱的歌录满了整个磁带。”

当时的婚礼持续了两天，除了陪客人和吃饭的时候，其他的时间都在唱歌。

结婚之前，姜化军可以唱一百多首歌。

现场演唱

开 台 歌

石榴开花一口钟，今晚坐个十弟兄。

十个弟兄都请坐，听我唱个开台歌。

……

十　劝　郎

一劝小情郎，大家都要听，

人人都是父母生，要报养育恩。

……

十　爱　姐

一爱姐好人才，高不高来矮不矮，走路好比祝英台。

二爱姐好头发，梳子梳来篦子刮，梳起盘龙插鲜花。

三爱姐好眉毛，眉毛弯弯一脸笑，说话就像鹦哥叫。

四爱姐好眼睛，眼睛一双水灵灵，望人好比梭子行。

五爱姐好白牙，三十六颗般般大，句句说的知心话。

六爱姐好白手，一双手儿像莲藕，翡翠戒指戴满手。

七爱姐好软腰，走路好比风摆柳，又像水上漂外头。

八爱姐好衣裳，衣裳四角攀麝香，人也香来麝也香。

九爱姐好罗裙，罗裙系起二面分，走路好像风送云。

十爱姐好小脚，活像两个小羊角，走路就像踩软索。

关于婚恋

他的爱人是媒人介绍的，那时候就没有“陪十弟兄”。1988年或是1989年前后，村里就再也没有时兴“陪十姊妹”或“陪十弟兄”的传统。

现在结婚都只有一天的时间，大家都觉得仪式越简单越好。

结婚虽然没有仪式，但是唱歌的特别多。

（三）郭清旭

郭清旭，女，土家族，1958年出生于建始高坪镇东庄村，现居住于建始高坪镇桑园坝村四组。

其歌声以音质清晰、高亢婉转而惹人喜欢。从十几岁放羊的时候开始学习唱民歌，和姐妹们一起唱哭嫁歌，已经唱了三四十年。自己结婚的时候没有“陪十姊妹”，但经常出去“陪十姊妹”。姐姐也尤其喜爱唱哭嫁歌，都是原生态的演唱方式。

现场演唱

十　想

一想那我的娘呀，两眼啊泪汪汪啊，白脸那个蛋蛋就向前方啊，你空养那儿一场啊唉呀嗨哟——哟，你空养那儿一场。

二想那我的爹呀，父子两分别呀，我只就想到家呀没就没想到国啊，你公事就了不得啊。

三想那我的妹啊，妹妹呀小两岁啊，单成那个双啊没成对啊，我越想都越掉泪啊唉呀——嗨哟——哦啊越想都越掉泪啊。

四想那我的弟啊，弟弟在学校里啊，手拿那个毛笔就往上提啊，为国好出力啊唉呀——嗨哟——哦你为国呀好出力啊。

五想那我的哥啊，大小那一窝拖呀，肩挑那个背来呀受折磨呀你还要谋生活啊，唉呀——嗨哟——哦你还要谋生活啊。

六想那我那公婆啊，公婆你有错啊，男大那个女大就真相合啊，你还不来请媒说啊唉呀——嗨哟——哦你还不来请媒说啊。

七想那做媒的啊，你王八啊狗东西啊，我哪一些事情啊得罪了你呀，你还不来把媒提啊啊唉呀——嗨哟——哦还不来把媒提啊。

八想那我的郎啊，我郎你在哪方啊，我鸳鸯那个枕头都摆成行啊，我越想都越心酸啊唉呀——嗨哟——哦越想都越心酸啊。

……

由于过于紧张，郭清旭忘记了部分歌词，回忆说以前没有电视的时候，她们都是通宵唱歌。

上 席 歌

石榴开花叶儿翠，当堂坐的十姊妹。十个姊妹是都请坐，听我一个开台歌。

人又小命又窄，唱个歌儿得罪客。得罪老的犹似可，得罪小的莫笑我。

石榴树上滴点油，这号油儿好梳头。大姐梳起盘龙簪，二姐梳起插花头。

……

下 席 歌

一年一朵春，年年有新闻，不警不觉长成人，咿呀呀咿哟。

今年人长大，今天要出嫁，句句要听娘说话，咿呀呀咿哟。

一要敬公婆，二要敬丈夫，三要妯娌要笑和，咿呀呀咿哟。

四要起得早，堂前要打扫，打扫堂前人客到，咿呀呀咿哟。

人客你坐下，装烟把壶拿，切记莫用手掂茶，咿呀呀咿哟。

……

哭五更

咿咿啦啦来娶的亲咯喂呃，幺姑娘在房中是哎嗨哟哭五更咯呃。

一更里来哟哭一声来哟，哭起我的妈妈是哎嗨哟一个人来哟。小来忧愁长不的大来哟，长大那个又愁哎嗨哟放人家哟。

二更里来哟哭二声来哟，哭起我的爹爹是哎嗨哟一个人来哟。小来忧愁钱和米哟，长大那个忧愁酒和席哟。

三更里来哟哭三声来哟，哭起我的姐姐是哎嗨哟一个人来哟。小来针线哦有姐教来哟，长大那个又是哎嗨哟别家人哟。

四更里来哟哭四声来哟，哭起我的嫂嫂是哎嗨哟一个人来哟。灶前灶后哟有嫂教来哟，长大那个又是哎嗨哟两姓人来哟。

五更里来哟哭五声来哟，哭起我的婆家是哎嗨哟来娶亲哟。

前头一帮哟吹鼓的手来哟哦哦，后头那个又是哎嗨哟打锣的人来哟。前头一帮哟吹鼓手哟哦哦哦，手捧那个花轿是哎嗨哟进堂门来哦。

……

（歌词由黄美清整理）

二、二级传承人

（一）侯敬芝

侯敬芝，女，1965年出生，初中文化程度。家中有4口人，跟爱人、儿子、儿媳一起生活。现居住于高坪镇街上，老家在小水田村，其娘家在东庄村。

学艺经历

侯敬芝十几岁开始跟着村中房屋周边家里老人学习，晚上帮老人推磨、撕苞谷时跟着学唱十姊妹歌。她向其母亲学习了一些，更多的是向家附近的人学。她十几年未唱了，但经黄美清主任组织后又开始唱了。

"我们那个时候兴推磨嘛，没得打粮食的机器，白天不得闲，晚上就推磨，推磨的时候教我们唱。那个时候没得电视，天黑的时候撕苞谷，不需要请，我们就跑去帮他们撕苞谷，他们就教我们唱歌。没有专业的人（不是专门从事唱歌的人）。"

掌握情况

会唱《采茶歌》《十姊妹》《哭五更》《荷包歌》《十想》《十哭》《十杯酒》《算账歌》（仅供娱乐）、《一年一头春》（曲调记得，大部分的歌词记得，但是记不全）等，大概能有十首歌曲。

表演空间

在旅游区展演较多，有时也在举办民俗婚礼时唱。

传承现状

比其同年代的人感兴趣。"现在学的人少，一般都是我们这般年纪的人才喜欢，像你们这么大年纪的不想学，有的年轻人觉得我们唱的好笑。我那天自己在家'依儿呀地'还把《采茶歌》和《绣荷包》基本上唱完了。也是几十年没唱了，黄美清她们这么搞才把我们组织起来，不这么搞这些歌就甩了（失传了）。”

对“陪十姊妹”的看法

认可，觉得需要传承。参加十姊妹，内心会有深刻的感受，会有真情实感流露。

个人经历

20世纪80年代结婚的时候晚上“陪十姊妹”，一共历时3天，前一天黄昏的时候就来客人，“陪十姊妹”实际上是“混夜”的一部分，因为那时候没有娱乐活动，以此消磨时间以待天明。新娘下席前将红包放在镶桌上的花盆里。

席坐毕，开始“陪十姊妹”。参与者都是亲戚朋友，支（摆）好桌子就开始了。首先请新娘出来，厨子要端一钵猪蹄子和花，然后放到新娘面前。新娘唱十姊妹歌之后，将红包塞到花里面。

（二）周福春

周福春，女，1963年出生，初中文化程度，家住高坪镇。

家庭情况

有配偶、儿子、儿媳、女儿、女婿和两个孙子。

周福春于20世纪80年代结婚，父母早亡。三年级开始学跳舞，下乡下队演出，以文艺宣传为主。

学艺经历

周福春除了跟着娘家那边的老人（老人都有七八十岁了）学唱，还跟其丈夫学了一些。“我妈妈在世的那个时候，我们那方（地方）坐十姊妹，只有我妈妈会唱十姊妹歌。有一次她带我去吃酒，她就一个人站在门槛上唱。我妈妈她蛮会唱歌，声音也蛮尖，那一方块都是她一个人唱。我那时候蛮小，就没学到。”

掌握情况

会《哭五更》《十哭》《十想》《苏州打货杭州卖》《结婚歌》《十月小阳春》《一年一头春》《闹五更》，还会唱一首在宣恩流行的歌。

展演经历

每年参加五六次景区哭嫁展演活动（黄美清组织），穿民族服装，给游客展演，人数一般在10人以上。参加过一次民俗婚礼，2017年8月，亲家（媳妇娘家）嫁女，周福春组织人去唱了一次陪十姊妹歌，场面热闹，很受欢迎。

对待“陪十姊妹”的态度

自愿参与，不讲报酬，在生活中都唱，觉得越唱越喜欢。

（三）姚永忠

姚永忠，女，1970年出生，初中文化水平。家住高坪镇，娘家在石垭子村。

家庭情况

于1989年结婚，两个女儿，婆家父母在她结婚前已经去世，娘家父亲还健在。自己结婚时未陪十姊妹（20世纪80年代不兴），姐姐结婚的时候陪了十姊妹（20世纪70年代）。

学艺经历

在娘家时跟着妈妈和其他老人学，跟黄美清主任组织起队伍后边做边学。

唱十姊妹歌的顺序

《开台歌》（独唱）；

《哭五更》（独唱）；

《一年一头春》（分段独唱）；

《十哭》（独唱）；

《十想》《苏州打货杭州卖》《闹五更》（一人起头再合唱，

时间充裕时唱）；

《十月小阳春》（对唱，时间充裕时唱）；

《圆台歌》（独唱、合唱均可）。

现场随意分配唱。

（四）周家芝

周家芝，女，1970年出生，小学文化程度，家住高坪镇麻扎坪村。

家庭情况

于20世纪90年代结婚，育有一儿一女（女儿在恩施市学技术，儿子在上学），均未婚。

学艺经历

婚前跟着母亲学了很多歌，结婚后淡忘了，现在跟着“姐妹歌”队伍一起学，基础好，学得快。本来不感兴趣，出门做了这个活动之后觉得很感兴趣。参加过一次活动，在土岭农家山庄参加“陪十姊妹”活动（身着民族服装）。

“以前坐十姊妹的时候会吃东西，现在展演桌上也摆吃的东西，但为了表演效果只喝茶。”

对“陪十姊妹”的态度

现在没有年轻人跟着学，可能等年轻人到了她们这个年纪后会感兴趣，再带着他们学。

（五）姜红旭

姜红旭，女，土家族，1968年生，家住望坪社区18组。家中三口人，两个女儿。

其母亲姜国翠，在1956年农历腊月到县城参加春节联欢文艺汇演，夜间休息时，对唱起“撒叶儿嗬”。当时的县文化馆馆长冉子梁听到这首歌唱腔粗犷、旋律优美，十分欣赏，便追根溯源。由于当时是腊月，土家人“正月忌头，腊月忌尾”，“撒叶儿嗬”虽然是喜庆的词调，但中间却夹个“忧”字，正在对唱的高坪干沟村演员余德方随口回答：“我们在唱闹年歌。”冉馆长兴致很浓，要他们反复演唱，越听越爱，并把这首没有参与春节文艺汇演的歌舞，选了姜国翠等八男八女进行编排，参加了恩施“百花齐放”文艺汇演，恩施专区把这个节目推向了省城。1957年到北京参加全国“百花齐放”文艺汇演，其团队获得奖状，并受到党和国家领导人接见。姜国翠于2017年3月去世，享年78岁。

学艺经历

母亲每天在家唱民歌，姜红旭深受其影响也爱唱民歌，参加过建始民歌大奖赛并获得过奖项。姜红旭小时候还没读书时，就开始跟着母亲学唱，一直到结婚之前都在唱。父亲在钢铁厂的文工团工作，母亲也在文工团。母亲生了她之后，父亲就让母亲离开了文工团，后来母亲在高坪文化站工作。姜红旭多次参加过村里“陪十姊妹”活动，很乐于去参加别人婚礼，为新人唱歌。

对“陪十姊妹”的态度

去年过年时村中举行了文艺晚会，大家都听到了“陪十姊妹”歌声，觉得她唱歌的功夫不错，开始让她加入“陪十姊妹”的队伍。她本身热爱民歌，也喜欢没事的时候哼两句，认为哭嫁歌这个传统的曲目应该得到传承和发展，这是土家族民族文化的精华所在。

三、总结

根据在建始县调查统计的数据，本次田野调查的3个乡镇的传承人，高坪镇有110人，三里乡有92人，花坪镇有84人。调查报告重点记述一级传承人3人，二级传承人5人。

总体而言，传承人有断代的趋势。老年传承人由于记忆力衰退等原因开始逐渐遗忘歌词，中年传承人因为热爱开始进行复原式的挖掘和学习，而青年一代几乎对此无法产生兴趣。因而如何将哭嫁歌结合时代的发展，进行有效且广泛的传播是一个值得思考的问题和探索的方向。

土家族婚房习俗及其变迁

周友谊[①]

建始土家族的风俗中，婚俗具有复杂、细致的仪式。传统土家族结婚，要请媒人说亲、求婚、打年节、送聘礼、讨庚（问女方生期）、定亲。经过定亲环节之后，就是婚礼仪式。婚礼有哭嫁、过礼、开脸、戴花酒、背新娘、迎亲、回门等仪式。关于具有土家族特色的“哭嫁”习俗有颇多论述，其实在土家族婚俗中，还有在婚房里举行的一系列仪式，也十分具有民族特色。在完成“拜堂”仪式之后，新娘和新郎被人引进婚房，在婚房里举行的一系列仪式可以称为婚房习俗，是整个婚礼中必不可少的环节，这些仪式也具有重要的象征意义。虽然现在的结婚仪式已经简化，但是在一些仍然保存的传统婚俗中，婚房习俗保持了相当的活力。

一、婚房习俗

建始土家族对婚礼的重视体现在婚房习俗，婚房习俗主要包括在婚房里举行的八个仪式。

（一）铺床

“铺床”是在婚房中举行的第一个仪式。新婚之夜，新人对拜坐床后，众妇人向床帐内撒同心金钱、五色彩果，以祈富贵吉祥，多生贵子，仪式以帐中婚床或帐中新婚夫妇为对象，中心活动是将抛撒物撒向婚床，以使得新婚夫妇感应抛撒物的生殖力量而生子。一些地方，新婚夫妇入洞房前，亲属长辈或年长妇中的一位儿孙满

① 周友谊，中南民族大学文学与新闻传播学院硕士研究生。

堂、夫妻子女双全的“吉祥人”，手持盛有大枣和栗子的盘子，向帐内抛撒枣与栗，这类果子成为传统信仰中祝福生子的吉祥物，其共同的原因是为籽实类果子，各种果子又因其名称、外形、性能的不同，具有各具特色的祝子之意。吉祥人边撒边唱“撒帐歌”，如“一把栗，一把枣，小的跟着大的跑”，突出表现了枣与栗的祝子功能。还有一些看热闹的人们把枣与栗捧到新郎新娘面前，故意问是什么，待到新郎新娘同声回答“早（枣）、立子（栗子）”，众人才一哄而散。这个活动也包含了祝早生子的意义。

建始土家族的“铺床”习俗相对比较简单，只是简单地扫床、铺鸳鸯枕、龙凤被，把床单铺好，整理床单被褥。一般女方会在棉被里放红包，被谁找到就是谁的，让找到的人沾染喜气。没有撒干果的环节，不过仍然唱“撒帐歌”，相信歌声会带来喜庆吉祥。女方发亲的时候，会让嫁妆先行出发，用一根竹篙绑着蚊帐，走在迎亲队伍的最前面。嫁妆到了男方家后，“迎嫁妆”的人即男方请两位有儿有女的中年妇女，也称“双福”之人，给新人铺床，将女方陪嫁的被褥铺在新房的床上，铺床二妇要会说“福事”，就是四个字一句，说八句表示祝贺的话。建始土家族的“撒帐歌”格式不定，有四句、六句和七句子等，以四言和七言为主。在建始县流传的撒帐歌如：

铺床铺床，金玉满堂。先生儿子，后生姑娘。生个儿子做宰相，生个姑娘进绣房。

铺床铺床，金玉满堂。先生儿子，后生姑娘。生的儿子志在四方，生的姑娘温柔贤良。

铺床铺床，婚姻美满。生的儿子会写文章，生的女儿赛过郎。

铺床铺床，一个合来一个唱，夫妻恩爱万年长。铺床铺床，儿孙满堂。男儿有志走四方，女儿能干把家当。

铺床铺床，金玉满堂。育儿有担当，养女有福享。

铺床铺床，金玉满堂。儿女成双，五世同堂。

铺床铺床，金玉满堂。今日结缘，一生相伴。儿孙满堂，幸福吉祥。

无论“铺床”仪式是繁是简，不同地域有什么细节的变化，“撒帐歌”的歌词形式如何变幻，祝福内容如何多样复杂，祝福生子始终是撒帐的中心，而对新人生子的祝福，在过去始终是对婚姻最美好的祝福。

（二）抢坐床

“抢坐床”又称“夺床”，在土家族地区，新婚夫妇在拜堂礼仪结束，进入洞房时，新郎和新娘按男左女右的顺序坐，要抢坐到婚床中间的地方，因为谁坐到中间，就寓意着谁当家。新娘新郎在相互争抢的过程中，身体发生亲密接触，吵吵闹闹，婚房充满欢声笑语。家庭地位当然不可能就因为这个仪式而决定，新郎让着新娘，博美人一笑，新郎故意争夺，借机“轻薄”，都是会发生的。但是对当家作主地位象征性的抢夺，表现了土家族女性不甘示弱的性格和在土家族婚姻中相对平等的家庭地位。改土归流后，封建礼法将土家族女性束缚在三纲五常里，女子地位的低下和对男性地位的服从，是不允许女性在家庭中当家作主的，“抢坐床”仪式是改土归流前土家族婚俗的遗存。在当代结婚仪式中，多以游戏的形式存在。

（三）洗脸

“洗脸”，是新郎和新娘坐在婚床上，即完成了“抢坐床”仪式后，用同一盆水洗手、象征性地洗脸的仪式，称“洗和气脸”。洗脸的时候，女先男后，新娘新郎洗完了，男方的父母也要用同一盆水洗手、洗脸，一家人共用一盆水，既有为新娘接风洗尘、慰除路途奔波和婚礼当天历经诸多仪礼的劳累之意，也有正式接纳新娘为这个家庭一员的意思，还有希望家庭和谐，家庭成员和和气气、同心协力的寓意。

（四）夹炭火

在布置婚房的时候，建始土家族地区会在婚床前放一个装着木炭的火盆，新人坐到床上，洗完脸之后，会有一个小孩用火钳夹着一块烧燃的炭火放入火盆的仪式，称为“夹炭火”。过去土家族的婚礼多在冬天举行，因为冬天农闲，有充足的劳动力可以参与耗费人力物力众多的婚礼仪式，也使人们在空闲生活中参与婚礼，得到休闲娱乐。在婚房里放炭火，不仅是为了取暖，最主要的原因是，火盆里的木炭被燃烧着的炭火点燃，取“薪火相传”之意。新娘的到来，为新郎的家庭增加了一个人口，在将来，也起到为新郎的家庭生儿育女的作用。“夹炭火”仪式是通过相似律，希望借助点燃木炭，来点燃家庭传续的火苗，希望家庭得到传承，家庭生活也能像燃烧的木炭一样红红火火。平常小孩子是不被允许接触火的，但这时却让小孩子冒着被烫伤的危险做这个仪式最重要的部分，也是希望通过接触，使这盆炭火经过小孩子的手点燃，从而真正具有魔力，让这个家庭早日添丁。

（五）喝交杯茶

一个小孩为火盆里“夹炭火”的同时，有另一个小孩端着用茶盘装着的两杯茶，送到新人面前，新郎和新娘同时拿起茶杯，两臂相勾，交饮而毕，称为“喝交杯茶”。建始土家族聚居区喝交杯茶和汉族习俗新郎新娘新婚之夜喝交杯酒的意义差不多，都是寓意新婚夫妇在喝酒或喝茶之后，能同心协力、合二为一，只是这个地区的人们用茶来代替酒而已。古时候，喝交杯酒又称为“合卺”，卺的意思本来是一个瓠分成两个瓢，古语有“合卺而酳”，孔颖达解释道："以一瓠分为二瓢谓之卺，婿之与妇各执一片以酳（即以酒漱口）。"[1]合卺又引申为结婚的意思。喝交杯酒，最开始是用瓠分成两半做的瓢来盛酒的，到后来才用酒杯，但是本来的象征意义却被保留下来。本来被一分为二的瓠，新郎新娘结婚的时候合并，暗示新郎新娘本就是命中注定的一对，希望二人结婚之后，能同心偕老；用两臂相勾的方式喝下酒水，寓意二人命运牵绊之中的结合，是天作之合，在今后的生活中，你中有我，我中有你，相互支持，相互扶持。

（六）开锁

新娘的嫁妆如衣柜、箱子之类，都是用锁锁上的。一是箱子里面放了稻谷、玉米、土豆、粑粑或其他的陪嫁品，怕在路上颠簸被撒出来，或者是人多手杂，怕被人偷拿；二是这个锁，还有一个其他的作用，就是用来做"开锁"这个仪式。把全部箱子、柜子的钥匙放入茶盘中，新娘双手把茶盘递给男方母亲，请她"开锁"，寓意加入这个家庭，表示愿意上交财产和权利，愿意听从婆婆教导，孝顺父母，表示对婆婆的尊重，对婆婆地位的承认和顺从。新郎母亲象征性地开一个锁，表示接受儿媳的示好，管理她的财产，把她当作家庭的一员来分配指导。"开锁"有时也不一定是男方的母亲做，伯母或其他女性长辈代劳也行，主要的寓意是表现对新娘的接纳，和对其他女性长辈地位的确认，还有开启箱子、开启新生活、探索未知的意味。"改口"是准新娘正式称男方父母为"爸爸妈妈"的仪式，一般发生在男方及其父母去女方家"认亲"的环节，但是在建始县花坪地区，新娘将钥匙交给新郎母亲时"改口"，正式叫男方母亲为"妈"，这时母亲要包个红包放在茶盘里给媳妇，称为给"改口费"，这是将"开锁"和"改口"两个仪式结合在一起，加强了新娘正式变成男方家一员的仪式感。

---

① （唐）孔颖达：《礼记正义》。

（七）讨新娘粑粑

以前新娘陪嫁的箱子，不管里面放没放其他粮食，都会放粑粑，叫作“新娘粑粑”。一是土家族人多生活在山区，山路崎岖，为了抬嫁妆的人方便用力，所以得给箱子增加重量；二是箱子里不能是空的，不吉利；三是粑粑是重要的食物，到了新郎家之后，还运用在另外一个用途，就是“讨新娘粑粑”的仪式。向新娘讨粑粑是一个重要的环节，人们认为谁得到了新娘粑粑，就沾染了福气。来做客的亲朋好友，特别是小孩子，向新娘说吉祥话，新娘会给他们粑粑，小孩子以得到粑粑为乐事。在不富裕的年代，粑粑是很重要的储备食物，后来生活好了，有些地方还会把粑粑用簸箕装着，去酒席敬酒的时候，给每个在席的人发两个，相当于现在的喜糖。花坪地区，亲友会把新郎的叔伯推到新房里去，让他们也去讨新娘粑粑，这也属于建始土家族“闹房”习俗的一种。在土家族聚居区，高一辈的人不能和媳妇单独相处、说话，甚至叔伯与媳妇不能坐同一根板凳，但是在结婚的时候，三天无大小，旁人可以开叔伯与新媳妇的玩笑，双方也可以暂时打破关系界限，忍受这个越界的行为，这是一个笑闹的娱乐过程，也使心理得到暂时的发泄。

（八）闹房

土家族婚礼的晚上有“闹房”的习俗。晚上，送走宾客，亲友齐聚婚房，说笑游戏，取“辟邪驱恶”之意，又有融洽新人关系，表达宾客祝福之愿。新人房里三天无大小，不管辈分大小都可以参加这一活动。这个活动存在的原因，一是新郎新娘在婚房里，天刚黑还没到睡觉的时间，要有人陪着说话才热闹；二是古人有“千金买笑”的典故，人们在新人房里逗新娘，说些有趣味的话，博得美人一笑，以饱眼福，也是一种乐趣；三是新娘房间里有好吃的，如花生、核桃、葵花籽、板栗等，在不富裕的时代，这些食物是平常不可多得的，此时可一饱口福。

建始土家族聚居区的“闹房”习俗比较简单，没有整新郎新娘的游戏，也不开越界的玩笑，没有太过越界的陋俗。花坪地区最出格的只是众人将叔伯推入新娘独自在的婚房里讨新娘粑粑，高坪地区连这种娱乐项目都没有，甚至没有新婚当夜去新人房里玩笑的习惯，留出时间给新婚夫妇独处。随着时代发展，人们生活条件变好，娱乐项目增多，“闹房”的吸引力大大下降，只有至亲好友会稍作逗留，表达美好的祝愿之情。

二、婚房习俗的内在心理

任何习俗都有其功能，任何习俗的存在都有一定的心理基础，人们期待婚房里举行的一系列仪式达到一定目的。产生婚房习俗的内在心理有希望家庭和睦、祈求生育和活跃气氛三种。

（一）家庭和睦

中国乡村社会是以家庭为核心的乡土社会，家庭是最基本的社会单位，彼此独立，乡邻之间鸡犬相闻。家庭和睦是人们社会生活中最大的追求，人们总是希望通过一些寓意良好的仪式，来乞求达到家庭和睦的愿望。“洗脸”仪式中，“不是一家人，不进一家门”，一家人共洗一盆水，希望一家人和和气气，达到家庭和睦的目的。“喝交杯茶”仪式中，夫妻勾臂相饮，象征夫妻二人合二为一、同心协力，也是为了夫妻和睦、家庭和谐。

家庭是由三人以上构成的社会单位，仅由父母和子女构成的称为核心家庭，中国家庭多不是核心家庭，几世同堂是人们眼中羡慕的对象，除了上下几代直系亲属，旁系亲属之间也联系密切。家庭成员多，彼此之间形成简单而又复杂的关系，为了处理好家庭成员之间的关系，在新婚伊始，就定好一些规矩，明确家庭地位，有助于避免日后家庭生活产生不必要的矛盾。“开锁”仪式中，女方上交钥匙，表示女方权利上交，正式加入男方家庭，表示对婆婆的尊敬和孝顺男方父母的愿望。男方母亲“开锁”，表示对媳妇的接纳和身份的认同，确认新媳妇“被统治”的家庭地位，在以后的生活中，媳妇听从婆婆的教导，母慈子孝，构建和睦的家庭生活。

（二）祈求生育

生育是人类生活的第一大事，生育才有子孙后代，才有劳动力，人类才能得以生存繁衍。“铺床”仪式中，“双福”之人撒果子，希望他们早日得子；铺床过程中唱的“撒帐歌”表达对新婚夫妇早生贵子的美好祝愿和对子孙后代的期望。建始县花坪地区请来铺床的“双福”之人，是父母健在、儿女双全、夫妻和睦的中年妇女，一般是男方的伯母之类沾亲带故的亲戚。

在农业社会，劳动力是重要的生产资源，人们追求多儿多女、多子多福，然而不成熟的医疗技术和环境，使妇女难产及传染流行疾病的肆虐得不到控制，再加上天灾人祸、战争频繁，人类数量难以增多，存活率仍然很低，人们追求生育的愿望自然只增不减。如“夹炭火”仪式，炭火产生温暖，是帮助人们度过严寒冬天的必备物品，人们在生活中观察到木炭的特性，取其薪火相传之意，寓意家庭传宗接代，在新婚夫妻婚房里举行这个仪式，就是祈求生育心理的完整体现。

（三）活跃气氛

中国作为农业大国，农业生产是人们社会生活中最重要的工作，平日里繁重的劳动，压抑着人们的神经，所谓“家逢喜事精神爽”，亲朋好友、邻里之间，谁家有喜事，不管多远，不管多忙，都会放下手上的事情，奔赴办事的人家里，多人齐聚一堂，帮忙的帮忙，吆喝的吆喝，各司其职完成分配的任务，同时聊着永远说不完的家长里短，互相笑闹，生活的劳累一扫而空。抬着新娘的花轿伴着喧天的锣鼓进入家门的一刻，这个家庭终于迎来真正的高潮。做客的人们在新娘身边围得水泄不通，争先恐后地想一睹新娘芳容，在厨房、客厅帮忙的人们也忍不住探头探脑，谁要是看到了，回到人群中间必然又引起新一轮的讨论。

拜堂完了之后，新人被人群簇拥着进入婚房，新郎和新娘争先恐后地扑向婚床，都想坐到寓意掌权做主的中间位置，虽然坐到中间并不真的意味着拿到当家的权利，但是在“抢坐床”仪式相互争夺的过程中，却起到了玩游戏一般的娱乐效果，人们为抢夺的双方加油打气，或者笑言打趣，对争夺游戏的结果津津乐道，其实并不往心里去。讨新娘粑粑时，无论大人还是小孩，都要向新娘说祝福的吉祥话，讨得新娘欢心，一些能说会道的人经常将新娘逗得开怀大笑，周围的人也起哄附和。讨粑粑不是主要目的，营造喜庆热闹的气氛，借着粑粑沾染新娘的福气，才是最主要的。新婚夫妇在结婚仪式全部完成、送走大部分宾客之后，在婚房里，距离休息还有一段时间，在包办婚姻的时代，新人之间是第一次见面，互相不熟悉，人们没有太多娱乐活动，既然放下劳动来凑热闹，自然要玩到尽兴而归，也是为了使新人之间快速亲密，常有亲友在此时进入婚房之中，用谐韵的话语打趣新人，调节气氛，取得娱乐效果，或者说一些指示意味的话，帮助新人拉近距离。后来，在自由恋爱时代，新郎新娘互相熟悉，那么亲友的调笑就更必不可少了。建始县土家族聚居区的“闹房”习俗比较文明，只是语言上的笑闹，最终目的也是为了活跃气氛而已。

三、婚房习俗的变迁

中国文化历经几千年沧桑，在岁月的时光中不断发展，少数民族文化除了自身独立的发展，还与其他民族特别是汉族文化发生主动或被动的交流，文化的交流与融合导致了少数民族地区习俗礼仪的发展变化。建始土家族历经了改土归流、改革开放和现代化发展三个时间节点，婚俗发生了显著的变化，而婚俗的变化必然导致婚房习俗的变迁。

（一）改土归流时期

清雍正四年（1726年），云贵总督鄂尔泰数次上书要求改土归流。雍正六年（1728年）底，雍正任命鄂尔泰为云南、贵州、广西三省总督，同年命贵州按察使张广泗在黔东南推行改土归流政策。与云南、贵州、广西接界的湖南、湖北、四川等省的土司，本来就靠近内地，势力有限，在形势压力下，纷纷请求交出世袭领地及土司印信，归政中央。改土归流废除了土司制度，加强了中央王朝对边疆的统治，有利于少数民族地区社会经济的发展，对中国多民族国家的统一和经济文化的发展有着积极意义。

改土归流前，建始土家族男女婚姻自由，通过唱山歌和情歌，在生产劳动中产生爱情，有时不需要媒证，通过给彼此送的信物，就自定了终身，父母不过多干预。改土归流之后，土家族的传统婚俗受到冲击。

乾隆《鹤峰州志》记录一则流官毛峻德发布的《文告》，他认为“婚姻为人伦之首，虽近日民间嫁娶六礼多不全备，未有任意混行如此地者”，决定在土家族地区推行礼制，对被认为有伤风化和罔顾礼制的土家族一些婚俗做出各种规定，“除禁革各款载于后外，所有应行各礼，本州约略数条，开列晓谕，嗣后各宜凛遵，力洗旧俗，庶万化之原正，而礼乐之兴可几矣！切切特示”。《文告》在开列晓谕的同时，也侧面反映出土家族地区改土归流之前的婚姻习俗：“本州土俗，不知家礼，娶妻不论同姓，又异姓姑舅姊妹，罔顾服制，否则指云让亲。更有不凭媒妁，止以曾经一言议及，即称曰‘放话’，执为左券者。又女家疏族外戚，亦得把持主婚……查此土有男子三十岁而女未及笄者，又或女子二十、三十岁，而男尚勺象者……又男子亲近设席，约迎女家亲戚，无非以合二姓之好，非可借此以图口服。夫何此土恶习，女子出嫁，女家即多索男家请帖，沿门遍邀，一至婚期，凡族亲外戚，及略有瓜葛者，扶老携幼，动经什百，在男家彻夜恣饮，数日不返。或男女同席，詈谑交加……更可异者，访得此地女子，自受聘后，每逢年节，男家必多备猪腿酒盒，于女家户族母舅外戚遍送，名曰‘朝月’。稍有不周，便滋诟詈。及至出嫁，女父母要奶水钱，诸父昆弟姊妹旁索，谓之‘支陈’。更有让亲之需……”上述记录展现了土家族地区男女不顾服制、不凭媒妁、没有年龄限制的自由婚姻形态，有大摆宴席、举族同欢、男女同席、给众亲友送礼等罔顾礼制的婚姻习俗。

改土归流之后，制定的文告对土家族婚姻的规定，处处都体现出了宗法因素。在土家族地区极力推行封建礼仪文化，“一方面一些愚昧落后的婚俗被废除，另一方面，封建伦理道德大行其道，宗法文化发展迅速，封建包办婚姻代替了自由婚恋，土家族婚俗中的宗法性因素也随之大为增加，其影响至今犹存”①。改土归流使土家族地区婚俗增加了宗法性因素，在婚房仪式中表现为对家长地位确认仪式的重视、对夫权的承认、对宗族观念的强调、对家族传承的重视等。

（二）新中国成立以来

新中国成立后，土家族婚姻礼仪变迁的基本倾向是仪式的简约化。在结婚方式上，城市居民多取新式婚礼，农村土家族人结婚取现代婚礼者也为数不少，有些思想进步者如村干部尤其是妇女干部结婚时多不举行任何婚礼。在婚姻程序上也大大简化，如过去男女从相识到结婚，家族、家庭间的联系重于个人联系，而新中国成立后更注重未婚青年在婚前个人感情的培养。按照土家族传统婚俗，未婚女青年在结婚前需学会织锦和哭嫁，此已成为一种重要而有特点的仪式，然而随着时代发展织锦技艺已渐失传，仅为个别女子所能为，哭嫁也渐趋淡化。

改革开放前，建始县高坪镇八角村居民LRX②于1976年结婚的时候，正是大集体劳动时代，她天不亮就起床上工，9点回家吃早饭，12点歇稍，下午2点吃午饭，晚上七八点收工，有时候晚上还要加班，劳动负荷重。而且当时物资匮乏，禁止铺张浪费，她结婚当天，中午拜堂，吃完饭之后，下午马上去劳动，没有休息时间。

---

①刘文俊：《改土归流后土家族婚俗中的宗法性因素》，载《广西师范学院学报》，2005（4）。

②LRX，1954年生，建始县高坪镇八角村居民，小学五年级文化；丈夫XCG，1955年生，退休教师。

为了节省劳动力，嫁妆只能一个人背，不能两个人抬。大件的衣柜之类的嫁妆，前一天晚上收工的时候提前运过来。箱子里面，条件好的家庭放五六十斤玉米、稻谷，陪嫁两到三床被絮，共五到六抬嫁妆，嫁妆有箱子、柜子、洋瓷盆、洗脸架、脚盆等，用土豆“压轿”，家里实在贫穷的用石头来“压轿”的也有。

婚礼仪式一切从简，没有时间做“哭嫁”和“陪十姊妹”等活动。婚床只是临时搭建的，没有新的床单被套，没有“铺床”等仪式；食物凭票供应，“讨新娘粑粑”的活动无法开展；连新娘吃完午饭都要马上出门劳动，更别说开展“闹房”等活动，这时候的婚房仪式和其他婚俗活动都基本消失。

改革开放后，市场经济发展，人们的思想迎来大解放，文化的交流越来越广，文化的更新也越来越快。土家族传统的婚姻礼仪相当繁缛，虽无“六礼”之名，必备“六礼”之仪，但是随着土家族与外界更为密切的接触和联系，西式婚礼的传入等，人们大多抛弃繁琐的仪式，而更关注婚姻过程中感情的培养，这些使土家族传统婚姻仪式发生了一定程度的变化。然而又因为在实际中人们缔结婚姻关系一定程度上仍受父母和家族长辈的支配，而且受文化政策的影响，传统婚礼习俗文化得到恢复与保护，所以建始土家族婚房仪式得到了保留。建始县高坪镇八角村居民XYZ①于1990年结婚的时候，虽然他是入赘婚，但是婚礼过程与建始土家族传统婚礼完全相同，只不过婚礼当天是男方进入女方家。进入婚房时，也要“铺床”“抢坐床”“洗脸”“夹炭火”“喝交杯茶”“开锁”“讨粑粑”“闹房”，这些仪式的象征意义也得到保留。只是这时候男方的地位低下，“抢坐床”要让着女方，“开锁”时也要上交权利和财产，以女方家庭为主，不过只要婚后不与女方父母住在一起，夫

---

①XYZ，52岁，建始县高坪镇八角村村委会副书记，原为建始县高坪镇石垭子村人。

妻二人的地位还是相对平等的。土家族传统婚礼仪式的恢复与保留，是尊重少数民族风俗习惯的表现，也是时代的发展与进步。

（三）婚礼习俗现状

传统婚礼从“求肯”开始，有报期过礼、上头开脸、陪十姊妹、陪十弟兄、陪媒、合八字、升号匾、迎嫁、娶亲、拦车马、迎亲、圆亲、铺床、拜堂、接腊、坐床、吃交杯酒、吃下马饭、交亲、敬大小、拜钱、陪新娘、陪送亲家、下厨房、传茶、回门等前后二十多道程序。现在的结婚仪式尽量简化，形成了三种婚礼仪式：一是完全按照传统的；二是举行一部分传统仪式的；三是完全不按传统的，即西式婚礼。从整个鄂西南地区婚俗文化变迁的现状来看，主要呈现出以下三个特点：其一是婚姻的“法制性”逐渐加强。婚姻必须符合法定结婚年龄，符合法律规定程序，任何违反法律规定的婚姻都将得不到法律保护。其二是婚姻的“科学性”不断普及。即结婚不再是同姓或联宗，越来越多的土家族人逐渐意识到近亲结婚的危害，提倡非近亲结婚，扩大配偶选择范围，主动进行婚前检查，并意识到注重婚姻的“科学性”有助于保证家庭的幸福及子女的健康。其三是婚姻的“社会性”不断体现。一方面，地方政府关心群众的婚事。结婚人须到民政局登记，领取结婚证；孩子出生则及时进行户口登记。另一方面，组织筹办婚礼的社团不断增多。在传统社会，婚宴主要在家庭进行。现在越来越多的酒店、宾馆开始承担起筹办婚礼的职责，婚礼显得更加自主和多元。整个鄂西南土家族传统婚礼在形式和内容上都发生了系列的文化变迁。

石牌村位于建始县三里乡东南部，与红岩寺镇接壤，辖7个村民小组，320户，1290人。由汉族、土家族、苗族、畲族杂居，其中土家族占39%，畲族大多为外来人口。目前，该村有30%的人按照传统婚俗举行婚礼。现在年轻人认为婚礼是一件人生大事，并希望能够传承传统文化，所以近几年举办传统婚礼的人逐步增多。不管是自由恋爱，还是媒人介绍，举办婚礼时一些传统仪式必须全部走一遍，但是也与时代结合，产生新的婚礼形式。2011年5月15日村民HYX[①]的女儿远嫁台湾高雄时，婚礼采用了传统婚礼与现代文艺活动相结合的形式。台湾高雄的女婿想体验土家姑娘出嫁的仪式，专门找老师指导，办了土家族婚礼。结婚当天，女婿骑马接亲，女儿坐轿子出嫁，本村的丝弦锣鼓队伴奏，女性打腰鼓，男性打丝弦锣鼓。婚礼当天采用文艺演出的形式，表演唱歌、打连响、小品等内容。从早上开始，一边主持婚礼，一边表演节目，举办流水席，持续三四个小时。进行表演活动的是村里专门做红白喜事表演的班子，演唱曲目既有民族歌曲，也有流行歌曲，如《三个婆娘夸媳妇》《黄四姐》《傻子拜寿》《嫂嫂歌》《修桥歌》《亲家母过来耍》等。最特别的一点是，婚礼前一天举行了“陪十姊妹”。“陪十姊妹”是土家族特有的婚俗，是新娘出嫁的前一天晚上，在女方家进行的一项仪式活动。活动开始时，两张桌子合并摆在堂屋中间，铺一张毯子，桌上点一对红色香烛，放有糖食果饼和瓜子、花生、板栗、核桃等食物，有些地方摆的是十盘菜或者其他水果，还有一盆花。九名未婚女青年以新娘为中心围席而坐，两个陪拜姑娘坐在新娘左右，花转到谁那里就轮到谁唱，姑娘们唱祝愿歌，一起对唱、合唱，为婚礼增添喜庆热闹的气氛。除了坐着的十个姑娘，还有看热闹的人群围在桌子周围，也可以对唱情歌，歌声通宵达旦，彻夜不歇。

对于婚房习俗，据ZYW[②]对自己2015年结婚过程和XYZ对儿子2016年结婚仪式的回忆，婚房里举行的仪式因婚姻形态而异。ZYW与妻子自由恋爱，对婚房仪式没那么讲究，自己也不曾注意这些环节。XYZ的儿子与儿媳是通过媒人介绍认识结婚的，所以婚礼过程按照传统婚礼习俗，婚房仪式也是如此，不过内容有所简化。“铺床”由两位妇女套九件套床单、整理床就行，棉絮之类的嫁妆之前

---

①HYX，女，56岁，建始县三里乡石牌村人，曾在妇联工作，担任村委会干事。

②ZYW，33岁，建始县花坪镇易家荒村11组居民，大专学历。

已经放在婚房里；没有“抢坐床”，一般都是女性当家作主，掌握财政大权；“洗脸”“夹炭火”“喝交杯茶”“开锁”等仪式没多大变化；“讨新娘粑粑”变成讨喜糖和红包，粑粑变成过去式；拜堂之后，新娘不是独自在婚房里等待，而是换衣服去酒席敬酒，说明了女性地位的提高，以前不能抛头露面，现在和丈夫共同进退；“闹房”，对叔伯进不进婚房没什么讲究，亲朋好友都可以去新房玩，只是离异的人不能进，也不能摸婚床，还是有迷信思想的残留。

虽然婚房习俗有变化和发展，但是仍相当于以其原貌形态存在于建始土家族的婚礼中。新时代的人们，现代化的科学思想，删繁就简的心理，自由的恋爱，人们举办婚礼更多的是为了向亲友展示婚姻的缔结，人们以对新人美好的祝愿为目的而作为见证出席婚礼。但是不管婚礼仪式简化到何种程度，婚房习俗所寄托的愿望，无论何时都是不过时的，婚房习俗的内在心理永远存在于民族的精神文化中。

随着农村经济的发展，农村生活水平的日渐提高，农村中一些旧的婚姻习俗又有所恢复，如大索彩礼，大办婚事等。当代女方索要彩礼主要还是用作新婚夫妇生活用品（嫁妆）的置备，用于女方家庭生活补贴为次，有的家庭为女儿置备嫁妆的花费远远超过男方提供的彩礼。同时，彩礼的膨胀并未必然带来仪式的繁琐，相反，许多年轻人更注重婚后生活的物质基础的建立，为减少婚前花费，进而简化了许多婚前的程序。对传统婚礼婚前繁琐步骤的简化，同时也体现了对婚礼重视程度的加深，传统婚礼由双方各自准备，现在由两家共同准备。双方家庭在举行婚礼之前就共同为二人装修房屋、添置生活用品，省去了婚礼当天搬运嫁妆等系列环节，对婚房习俗也产生了一定影响。但是建始土家族的八个婚房仪式，“铺床”“抢坐床”“洗脸”“夹炭火”“喝交杯茶”“开锁”“讨新娘粑粑”“闹房”，寄托了人们美好的祝愿，其象征意义至今仍存，复活在当代的婚俗中。促使它们产生的祈求家庭和睦、祈求生育和活跃气氛的内在心理，永远存在于民族的精神文化之中，支撑着它们历经岁月变迁，尽管有时会因时代的原因而暂时消失，或者发展变化，但是只要人们的生活不发生剧烈变化，传统婚俗都会一直存在，婚房习俗也将会一直存在于人们的生活中，发挥着其应有的作用。

对于为什么要采用传统婚礼，保护婚房习俗，就如石牌村村民LJF①所表示的一样："其一，我觉得现在的年轻人按传统婚俗举办婚礼很有必要。比如说我们恩施州是要打造全州全域旅游目的地，大城市的人来这里不仅仅是为了游山玩水，没有文化底蕴的游山玩水不会长久，有传统文化做映衬，那我就觉得更加丰富了旅游文化的内涵。其二，我觉得要提倡恢复传统举办传统婚礼，甚至包括农村生小娃儿打喜花鼓，我觉得还是要提倡的。这与政府现在提倡的乡风文化建设虽然有冲突的地方，比如说提倡移风易俗、喜事简办，把生小孩后视为整无事酒与我们恩施地区的地方传统有冲突。但打喜花鼓我们恩施地区三里乡很出名的，上过恩施电视台。我觉得在年轻人结婚生小孩后打喜，或者说像农村建房上梁唱上梁歌，这些还是有必要保留的，但要适当地保留，不能一刀切，政府有关部门要很好地把它组织起来，甚至还要加以提倡，让这个传统文化不要丢失。传统的、优秀的风俗习惯要发扬下去，一代一代传承下去，要不然等个十年、二十年、三十年，再过一代人后这些东西都不见了。"

参考文献：

[1] 建始县志. 清同治五年.

[2] 恩施土家族苗族自治州民族事务委员会. 鄂西少数民族资料辑录. 内部资料，1986.

---

①LJF，男，52岁，汉族，高中学历，建始县三里乡石牌村1组居民，现任石牌村党支部书记兼村委会主任。

[3] 葛晓泉. 土家族婚俗中的“陪十姊妹”. 见：广东省民族文化研究会. 民俗非遗研讨会论文集. 内部资料，2015.

[4] 戴逸. 代序：关于中国传统文化的几个问题. 见：沙莲香. 中国民族性. 北京：中国人民大学出版社，2012.

[5] 刘文俊. 改土归流后土家族婚俗中的宗法性因素. 广西师范学院学报，2005（4）.

[6] 柏贵喜. 当代土家族婚姻的变迁. 贵州民族研究，2005（2）.

[7] 李兴军. 鄂西南土家族传统婚俗变迁研究. 长江师范学院学报，2018（1）.

图书在版编目（CIP）数据

土家族婚俗文化漫谈 / 谭德富编著. -- 北京 : 民族出版社, 2023.4
ISBN 978-7-105-16943-6

Ⅰ. ①土… Ⅱ. ①谭… Ⅲ. ①土家族—婚姻—少数民族风俗习惯—研究—中国 Ⅳ. ①K892.22

中国国家版本馆CIP数据核字（2023）第068302号

责任编辑：尹　俊
出版发行：民族出版社
地　　址：北京市和平里北街14号
邮　　编：100013
网　　址：http://www.mzpub.com
印　　刷：北京盛通印刷股份有限公司
经　　销：各地新华书店
版　　次：2023年5月第1版　2023年5月北京第1次印刷
开　　本：787 × 1092毫米　1/16　字数：220千字
印　　张：14.25
定　　价：68.00元
ISBN　978-7-105-16943-6/K · 2920（汉1681）

编辑室电话：010-58130506；发行部电话：010-64224782